学习之路

「八八战略」与新思想溯源

浙江日报全媒体评论理论部　编著

中央党校出版集团
国家行政学院出版社

图书在版编目（CIP）数据

学习之路："八八战略"与新思想溯源 / 浙江日报
全媒体评论理论部编著 . -- 北京：国家行政学院出版社，
2024.1

ISBN 978-7-5150-2880-4

Ⅰ.①学… Ⅱ.①浙… Ⅲ.①区域经济发展—经济发
展战略—研究—浙江 Ⅳ.①F127.55

中国国家版本馆 CIP 数据核字（2023）第 255731 号

书　　名	学习之路——"八八战略"与新思想溯源
	XUEXI ZHI LU——"BABA ZHANLÜE" YU XINSIXIANG SUYUAN
作　　者	浙江日报全媒体评论理论部 编著
统筹策划	王　莹
责任编辑	王　莹　孔令慧
责任校对	许海利
责任印刷	吴　霞
出版发行	国家行政学院出版社
	（北京市海淀区长春桥路 6 号　　100089）
综 合 办	（010）68928887
发 行 部	（010）68928866
经　　销	新华书店
印　　刷	北京新视觉印刷有限公司
版　　次	2024 年 1 月北京第 1 版
印　　次	2024 年 1 月北京第 1 次印刷
开　　本	170 毫米 × 240 毫米　16 开
印　　张	19.75
字　　数	265 千字
定　　价	68.00 元

本书如有印装问题，可联系调换。联系电话：（010）68929022

编 委 会

序 言

　　20年前，习近平同志担任浙江省委书记期间，经过深入调查研究和系统谋划，为浙江量身打造了"八八战略"这一总纲领总方略，在之江大地书写了波澜壮阔的奋斗篇章，给浙江留下了宝贵的思想财富、精神财富和实践成果。20年来，"八八战略"引领浙江在省域层面率先开启了中国式现代化先行实践之路，推动浙江大地发生了全方位、系统性、深层次的精彩蝶变。

　　"八八战略"引领浙江夯实政治之基，为深刻领悟"两个确立"的决定性意义提供了鲜活范例；引领浙江点亮理论之光，生动彰显了习近平新时代中国特色社会主义思想的真理力量和实践伟力；引领浙江提升发展之道，率先展示了中国式现代化先行实践的生动图景；引领浙江创新制度之治，全面展示了中国特色社会主义制度的优越性；引领浙江坚持人民至上回应人民之盼，充分展现了伟大思想同群众实践相互激荡形成的凝聚力、创造力、生命力。

　　当我们循迹溯源，置身于一幅幅生动图景中，更加深刻领略到习近平总书记的大视野、大格局、大智慧、大情怀，更加深刻感受到习近平新时代中国特色社会主义思想的科学性、系统性、人民性、实践性。

　　"八八战略"贯通着历史、现实和未来，蕴含着深层的政治逻辑、理论逻辑、历史逻辑、实践逻辑，越来越焕发出璀璨的马克思主义真理光芒，越来越彰显出超越时空、历久弥新的时代价值。新征程上，我们必须一以贯之地把"八八战略"深入落实到浙江工作各方面全过程，大力推进习近平新时代中国特色社会主义思想的实践探索。

"八八战略"具有无比深厚的政治感召力，是浙江在新征程上坚定捍卫"两个确立"、坚决做到"两个维护"的"活教材"。新征程上，我们必须不断增进对习近平新时代中国特色社会主义思想的政治认同、思想认同、理论认同、情感认同，始终保持坚定捍卫"两个确立"、坚决做到"两个维护"的政治主动、精神主动，紧跟总书记、奋进新征程、建功新时代。

"八八战略"具有无比深邃的思想穿透力，是浙江在新征程上推进实践基础上的理论创新的"大宝库"。新征程上，我们必须进一步解放思想、放大格局、拓宽视野，深刻把握"八八战略"蕴含的战略思维、系统观念、为民情怀、前列意识、问题导向、务实作风，打开理论、实践、制度、文化相互转化的通道，为丰富和发展习近平新时代中国特色社会主义思想提供更多的浙江素材、浙江探索。

"八八战略"具有无比深沉的实践变革力，是浙江在新征程上应变局开新局创胜局的"金钥匙"。新征程上，我们必须不断从"八八战略"中找到过河的"船"和"桥"，拓展实践路径、破解发展难题、激发动力活力，在识变应变求变中不断找到新办法、闯出新天地。

"八八战略"具有无比深远的战略指引力，是浙江在新征程上推进中国式现代化先行的"总纲领"。新征程上，我们必须善于运用"八八战略"所蕴含的宏阔战略视野、长远战略眼光、深厚战略智慧，深刻洞察时与势、危与机，在理念、动力、格局、机制上先行探索、实现全面跃升，奋力在中国式现代化省域实践上探路先行。

"八八战略"具有无比深层的文化内驱力，是浙江在新征程上勇敢立潮头、永远立潮头的"动力源"。新征程上，我们必须充分激扬

"八八战略"蕴含的精神力量，在更高层次上找座次、定坐标，永不满足、永葆锐气、永争一流，既勇敢立潮头又永远立潮头。

科学真理指引前进航向、思想之光照亮奋斗之路。我们将牢记习近平总书记的殷殷嘱托，深入学习贯彻总书记考察浙江重要讲话精神，一张蓝图绘到底、一任接着一任干，全力推进习近平新时代中国特色社会主义思想在浙江的实践探索，持续推动"八八战略"走深走实，强力推进创新深化改革攻坚开放提升，潜心干事、争先创优，勇当中国式现代化的先行者，奋力谱写中国式现代化浙江新篇章，为强国建设、民族复兴作出新的更大贡献。

目　录

数字经济

创新提质"一号发展工程"

进一步发挥浙江的块状特色产业优势，加快先进制造业基地建设，走新型工业化道路。

——"八八战略"

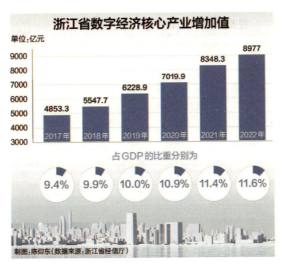

浙江省数字经济核心产业增加值

单位：亿元

年份	增加值	占GDP的比重
2017年	4853.3	9.4%
2018年	5547.7	9.9%
2019年	6228.9	10.0%
2020年	7019.9	10.9%
2021年	8348.3	11.4%
2022年	8977	11.6%

占GDP的比重分别为

制图：陈仰东（数据来源：浙江省经信厅）

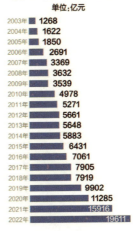

规上电子制造业营收

单位：亿元

年份	营收
2003年	1268
2004年	1622
2005年	1850
2006年	2691
2007年	3369
2008年	3632
2009年	3539
2010年	4978
2011年	5271
2012年	5661
2013年	5648
2014年	5883
2015年	6431
2016年	7061
2017年	7905
2018年	7919
2019年	9902
2020年	11285
2021年	15916
2022年	19611

扫描二维码
登录潮新闻客户端
看视频

数字经济，新动能推动新发展

李海舰　中国社会科学院数量经济与技术经济研究所
李真真　中国社会科学院大学

大力发展数字经济，对于建设现代化经济体系、重塑国际竞争新优势，构建新发展格局、推进高质量发展，实现共同富裕、加快强国建设，具有重大现实作用和重大战略意义。

数字经济发展成效显著

2021 年，我国数字经济规模达 45.5 万亿元，比上年增长 16.2%，占 GDP 比重达 39.8%。数字经济高质量发展体现在以下几个方面。一是数字产业化。2021 年，我国数字产业化规模达 8.4 万亿元，占数字经济比重为 18.3%，占 GDP 比重为 7.3%。二是产业数字化。2021 年，我国产业数字化规模达 37.2 万亿元，占数字经济比重为 81.7%，占 GDP 比重为 32.5%。三是数据价值化。从数据资源化到数据资产化再到数据资本化，数据成为继劳动、土地、资本、技术、知识、管理之后的又一关键生产要素，全国多个省份设立名称不同的大数据管理部门，国务院机构改革方案提出组建国家数据局。四是数字化治理。"让数据多跑路，让群众少跑腿"，政务办理实现"掌上办""指上办""跨省办""即时办"。智慧城市建设加速落地，数字乡村建设接续推进。此外，数字领域国际合作稳步拓展。2020年，我国可数字化交付服务贸易进出口总额达2939.8亿美元，居全球第五；截至2021年底，我国已与23个国家建立"丝路电商"双边合作机制，跨境电商进出口规模达1.98万亿元。

近年来，我国持续夯实5G、千兆光网、物联网等新一代通信网络基础设施，稳步推进数据中心与算力设施建设。2021年，我国新增5G基站65.4万个，每万人拥有5G基站数达10.1个，千兆光网具备覆盖超过3亿户家庭的能力，3家基础电信企业发展蜂窝物联网终端用户13.99亿户。国家新型算力网络格局加快完善，"东数西算""陆数海算"工程加速推进，目前，我国算力规模位居全球第二。

数据基础制度建设事关国家发展和安全大局。目前，我国数据基础制度，可概括为"一条主线，四项制度"。"一条主线"是促进数据合规高效流通使用，赋能实体经济；"四项制度"分别是数据产权制度、流通交易制度、收益分配制度、安全治理制度。2023年，中共中央、国务院印发了《数字中国建设整体布局规划》，提出了数字中国建设的"2522"整体框架，即夯实数字基础设施和数据资源体系"两大基础"，推进数字技术与经济、政治、文化、社会、生态文明建设"五位一体"深度融合，强化数字技术创新体系和数字安全屏障"两大能力"，优化数字化发展国内国际"两个环境"。

突破瓶颈释放生产力

数字经济正成为重组全球要素资源、重塑全球经济结构、改变全球竞争格局的关键力量。同世界数字经济大国、强国相比，我国数字经济大而不强、快而不优。今后，应从三个方向发力：一要加强数字经济基建，强化数字平台和数字人才的力量，加大全产业链数字化建设力度，促进数字经济发展质的提升。二要优化数字经济结构，就"两化"而言，产业数字化发展迅速，而数字产业化发展较慢，必须大力推进数字产业化发展；就"四化"而言，数字产业化、产业数字化发展较快，而数据价值化和数字化治理发展较慢，必须大力推进数据价值化和数字化治理，实现数字经济结构优化。三要推动数字领域国际合作，构筑数字空间命运共同体，提升国际标准制定能力，深化全球数字合作伙伴关系，拓展数字贸易开放协作空间，促进我国数字经济在更大范围、更宽领域、更深层次高水平对外开放。

目前，我国数字经济和实体经济融合主要依托消费互联网，数字化在供给侧、产业链中的渗透存在不平衡、不充分、不深入等问题，亟须健全数字经济产业生态，进一步释放数字经济新动能。一要建设高速泛在、天地一体、云网融合、智能敏捷、绿色低碳、安全可靠的智能化综合化数字信息基础设施生态；二要打造数据全产业链生态，包括数据生产、数据流通、数据消费，这是构建"以数据为关键生产要素的数字经济"的关键所在；三要构建数据产业、算法产业、算力产业"三位一体"生态系统，打造基于"数据＋算法＋算力"驱动的新型经济形态。

实现高水平科技自立自强，重点是数字核心技术自立自强。数字核心技术突破，不仅包括芯片和光刻机制造、算力设施等硬科技领域，还包括操作系统、算法模型、全真互联等软技术领域。一要提高数字技术基础研发能力，加强关键核心技术攻关，有针对性地开展高端芯片、操作系统、人工智能等关键核心技术研发，注重原始创新和生态培育；二要加快布局前沿技术，围绕元宇宙、区块链、人工智能、量子通信、神经芯片等前沿技术创新，建设国家重点实验室，聚智汇力加速战略性颠覆性技术发展；三要强化创新生态建设，深化产学研融合，实现科技成果有效转化。

数据的最大价值在于应用，而应用的前提是安全。必须坚持数据使用和数据安全两手抓、两手都要硬。一要建立健全数据安全规则，统筹数据开发利用、隐私保护和公共安全，加强涉及国家利益、商业秘密、个人隐私的数据保护，强化数据资源全生命周期安全保护；二要大力加强网络安全保护，筑牢网络安全防线，提高网络安全保障水平，强化关键信息基础设施防护，加大核心技术研发力度，加强网络安全预警监测；三要切实有效防范各类风险，强化数字经济安全风险综合研判，防范各类风险叠加可能引发的经济风险、技术风险和社会稳定问题。

抓住机遇开辟新赛道

从发展数字经济到建设数字中国，数字化发展已从经济领域拓展到非经济领域，加快推进数字技术与经济、政治、文化、社会、生态文明建设的深度融合。数字政务层面，要强化数字化能力建设，促进信息系统网络互联互通、数据按需共享、业务高效协同；数字文化层面，要大力发展网络文化，建设国家文化大数据体系，形成中华文化数据库，提升数字文化服务能力；数字社会层面，要促进数字公共服务普惠化，推进数字社会治理精准化，深入实施数字乡村发展行动，普及数字生活智能化；数字生态文明层面，要推动生态环境智慧治理，加快数字化绿色化协同转型，倡导绿色智慧生活方式。

在新时代，数字化和绿色化协同发展既是必须也是必然。国家层面上，要优化数据中心建设布局。我国西部地区"风光水电"等清洁能源丰富，让西部的算力资源支撑东部的数据运算，降低能源消耗，推进"东数西算"；建立海底数据中心，将沿海城市产生的数据放在附近海底计算，解决数据中心高时延、高耗能、高耗水等问题，推进"陆数海算"。产业层面上，传统高耗能产业亟须多环节实现用能结构转型、提质增效，数字技术的赋能作用势必逐渐强化；同时，数字技术领域的高速发展需要以绿色低碳作为前提，并须促进自身技术不断创新升级。以数字化赋能绿色化发展，以绿色化牵引数字化升级，促进数字化绿色化协同发展。

数字技术促进共同富裕既体现在做大"蛋糕"，也体现在分好"蛋糕"。一方面，要利用数字技术，改造传统经济模式，催生新型经济形态，赋能实体经济发展；另一方面，要利用数字技术，助力"学有优教""病有良医""老有颐养"，夯实民生根基，合理分享"蛋糕"。为此，应加强四个方面的工作：一要加快数字技术创新，破解制约数字技术发展的"卡脖子"难题，推动经济实现质的有效提升和量的合理增长；二要加强数字技术伦理建设，破解"数据孤岛""数据烟囱"问题，消除"数字鸿沟"，保障数字技术使用公平公正；三要推动数据价值化，科学实现数据收益分配，保障全民分享数据红利；四要发挥平台企业在引领发展、创造就业、国际竞争中的积极作用，完善平台经济监管体系，推动平台企业健康持续发展。

数智时代，劳动层面"机器换人"，从真实员工转向虚拟员工；土地层面"网络换地"，从物理世界转向虚拟世界；资本层面"数据换资"，从资金投入转向数据投入。由此，经济活动的劳动约束、时空约束、资源约束逐步打破。与工业时代专用技术革命不同，数智时代通用技术革命已从单点突破转向群体爆发，即"新技术群"革命，而且各种新技术之间不断融合、聚合、组合、整合，产生叠加效应、乘数效应、指数效应、倍增效应，既对供给侧赋能又对需求侧赋能。这是一场全新的技术革命、产业革命、社会革命，从根本上改变了人类的生产方式、生活方式、治理方式、思维方式。因此，必须打造与数智时代相契合的世界观、人生观、价值观。

阿里巴巴自研的 CPU 芯片倚天 710 已在阿里云数据
中心大规模部署，是中国首个云上大规模应用的自研
CPU 芯片。图为 2022 年杭州云栖大会现场（董旭
明　朱海伟　雨葳　摄）

往高攀升　向新进军　以融提效

吴晔

春雷响，万物生。2022 年，浙江省数字经济核心产业增加值为 8977 亿元，占 GDP 比重达 11.6%。数字经济创新发展能级跃迁，为经济高质量发展注入澎湃动力。

在浙江，实现经济社会高质量发展，数字经济不仅是金名片，更是重要引擎。习近平同志在浙江工作期间，就高瞻远瞩地作出了建设"数字浙江"的重大部署，并写入了"八八战略"。不谋一时、不为一事，"八八战略"为浙江发展打开了新境界。

2017 年，浙江开始深入实施数字经济"一号工程"，今年又提出要以更大力度实施数字经济创新提质"一号发展工程"，各地紧盯往"高"攀升、向"新"进军、以"融"提效的发展方向，加速实现数字经济能级跃迁。

激发数据新要素牵引力

2003 年 6 月召开的全省工业大会上，浙江对信息化作出战略部署。

习近平同志强调，建设先进制造业基地，关键是把握"先进"二字，结合浙江实际，这种先进性应该体现在坚持以信息化带动工业化，以工业化促进信息化，加快建设"数字浙江"。2017 年 12 月 8 日，中共中央政治局就实施国家大数据战略进行第二次集体学习，习近平总书记指出，要构建以数据为关键要素的数字经济。

从传统产业信息化改造，到信息化与工业化"两化"深度融合，迭代升级为现在数字经济和实体经济的深度融合，"八八战略"为浙江新型工业化指明了发展方向。

在浙江数实融合的演变迭代过程中，"产业大脑 + 未来工厂"成为一个重要抓手，要发挥数据作为数字经济核心要素的驱动作用。

浙江舜云互联技术有限公司，依托全球电机行业龙头卧龙电气的强大基因，打造电机"产业大脑"。舜智云工业互联网平台正中的大屏幕上，闪跳着蓝色故障提醒数据。"过去判断电机故障，靠耳听手敲。现在接入'产业大脑'，故障预警在千里之外就能精准发出，我们可以马上通知工厂维修。"该公司副总裁马海林介绍，"依托'产业大脑'，可以利用数据帮助中小企业降低成本、缩短周期、提升效率，甚至帮助他们实现业务模式的创新。"电机产业集群的跨越式发展，助力中小企业生产效率提升 50% 以上，故障停机时间减少 80% 以上。

与此同时，大量小微企业通过加入云平台，搭上数字化快速列车。新昌县轴承产业以中小微企业为主，1307 家企业、3.6 万余台设备接入轴承"产业大脑"后，设备综合利用率提升到 63%，能耗下降 10%，综合成本下降 12%，用工成本下降近 50%，利润率提升到 8%，行业整体竞争力大大提升。

从数字化车间到"未来工厂"，从企业上云到"产业大脑"，数据驱动智能化制造；以数据新要素为牵引，探索依托龙头企业、通过数字化手段快速提升产业集群发展质量，推动"浙江制造"更具竞争力。

赋能新基建打造新引擎

在浙江工作期间，习近平同志谈到，必须将信息化和工业化结合起来，发挥信息化的倍增作用和催化作用。如今的浙江，AI 芯片、5G 基建与人工智能协同互动，工业互联网与大数据中心相辅相成，"数字新基建"成为支撑数字经济的坚实基座。

在过去的 20 年中，数字产业蓬勃发展并向更高级的数字智能化方向迈进。杭州滨江区拥有一批以技术赋能为导向的企业，他们利用自身技术优势支持数字产业的智能化发展。虹软科技是典型的科技创新企业，作为全球计算机视觉行业领先的算法服务提供商和解决方案供应商，虹软科技一直与视觉产业的发展、需求和科技创新紧密相连。"自 2003 年将计算摄影技术引入移动智能终端以来，虹软科技已将视觉感知技术拓展到智能手机、智能汽车、AIoT 智能终端等领域。"该公司副总裁祝丽蓉说，"凭借在端计算和边缘计算上的领先优势，虹软科技不断赋能数字经济领域企业和行业实现智能化转型，打造差异化竞争优势并提升用户体验。"

截至 2022 年底，全省已建成 5G 基站 17.1 万个，每万人拥有 5G 基站数达 26.2 个，居全国第四、各省区第一。全省基础电信设施、广电网络完成骨干网 IPv6 改造，累计建成北斗地基增强站 400 余座。

新型数字基础设施的突出特点在于其全新的数字化技术体系，不仅立足于当前世界科技发展的前沿水平，以新一代数字化技术为依托，而且通过新技术的产业应用，催生出大量创新业态，形成了新的商业模式，带动相关产业快速发展。

数字安防作为浙江特色优势产业，是浙江着力打造的标志性产业链之一，也是浙江省正在重点推进的"415X"产业集群的重要组成部分。

2022 年，浙江数字安防产业营业收入达 3074.5 亿元，涌现海康威视、大华技术、宇视科技等一大批具有较强引领带动作用的龙头企业和高成长性企业。

党的二十大报告明确提出，打造具有国际竞争力的数字产业集群。杭州正在打造从数字安防到视觉智能再到智能物联的万亿级数字产业集群。

构建创新提质一流环境

在 2020 年和 2021 年的亚太经合组织会议上，习近平主席两次提及优化数字营商环境，为我国开展相关工作提供了基本遵循，《"十四五"数字经济发展规划》也进一步部署了相关要求。

2014 年，浙江出台全国第一个关于加快发展信息经济的指导意见；2016 年 11 月，国家网信办、国家发改委批复浙江建设首个国家信息经济示范区；2019 年 10 月，浙江省被列为全国 6 个"国家数字经济创新发展试验区"之一。

"平台经济既要加强监管，更要让它创新。"浙江省经济信息中心副书记杨首权说，"平台集聚全过程运营数据，通过开发数据应用，释放数据价值，创新运营模式，实现全链条企业降本增效。浙江通过数字化的理念和手段，用数字化平台＋现代运营模式，实现行业上中下游企业整体高质量发展。"

为切实解决减负降本政策落实过程中出现的企业"不清楚减了什么"和政府"不知道效果如何"，浙江在全国首创"一指减负"数字化改革场景应用。"通过'一指减负'五部曲，让企业知道自己'减什么、减多少、怎么减'，满足企业对减负降本的需求。"浙江省经信厅有关负责人说。2022 年，全省累计为企业减负 4302 亿元（不含缓税），完成目标任务 143.4%。

2023 年的浙江省政府工作报告提出，到 2027 年，数字经济核心产业增加值超过 1.6 万亿元。大力实施数字经济创新提质"一号发展工程"，加快构建以数字经济为核心的现代化产业体系，打造数字变革高地，浙江省走在前列。

「数」造浙江优势

陈畴镛 杭州电子科技大学浙江省信息化发展研究院

　　坚持信息化带动工业化，以工业化促进信息化，加快建设"数字浙江"，是习近平同志在浙江工作期间作出的战略决策，是"八八战略"的重要内容。浙江按照习近平同志擘画的蓝图和指明的方向，持续迭代深化"数字浙江"建设，打造了以数字经济驱动高质量发展的先行样板。

　　数字科技与商业模式联动创新形成蝶变引擎。浙江把握新一代信息技术进入加速发展和跨界融合的战略机遇，以加快数字基础设施建设、强化数字科技创新突破、加快产业数据价值化改革探索为抓手，不断催生新产业新业态新模式。数字科技创新与商业模式创新相互叠加，促使新产品新服务新应用不断涌现。大量创业企业依靠技术创新做大做强，世界级数字产业集群初具规模，数字经济创新提质成为浙江经济质量变革、效率变革、动力变革的主要引擎。

　　数字经济与实体经济深度融合实现提质增效。浙江推动互联网由消费领域向生产领域拓展，不断提高实体经济全要

13

素生产率。从制造业开始分行业推广工业机器人应用，深入实施"企业上云"行动计划、工业互联网平台建设及应用示范和智能制造工程，打造"产业大脑＋未来工厂"新范式，以打造具有全球影响力的数字贸易、数字金融中心为重点全面推进服务业数字化，以深化"农业产业大脑＋未来农场"发展模式为抓手推进农业数字化转型，产业数字化转型的模式更加清晰。"数实融合"的新模式，为浙江经济的稳中求进带来了更多确定性。

有为政府与有效市场协同发力激发生态活力。《浙江省数字经济促进条例》《浙江省公共数据条例》的出台和实施，在法律层面把发展数字经济作为经济社会发展的重要战略加以支持。企业对数字化转型的内在需求和内生动力、对市场信号和压力的快速灵活反应得到了有效释放。浙江正在进一步以一流的营商环境推动企业数字变革，促进平台经济健康高质量发展，激发市场主体在构建以数字经济为核心的现代化产业体系中的生力军作用。

2

营商环境
优化提升"一号改革工程"

进一步发挥浙江的环境优势，积极推进以"五大百亿"工程为主要内容的重点建设，切实加强法治建设、信用建设和机关效能建设。

—— "八八战略"

浙江近十年市场主体数量变化

单位：万户

年份	数量
2013年	372.19
2014年	420.74
2015年	471.04
2016年	528.6
2017年	593.35
2018年	654.23
2019年	724.25
2020年	803.24
2021年	868.47
2022年	943.32

制图：潘泓埌（数据来源：浙江省市场监督管理局、浙江省工商业联合会、浙江省经济信息中心）

浙江营商环境成绩单

2020年 国家发改委中国营商环境评价中标杆指标数量居全国第一

2020年 全国工商联"万家民营企业评营商环境"总得分排名第一

2021年 全国工商联"万家民营企业评营商环境"总得分排名第一

2022年 全国工商联"万家民营企业评营商环境"总得分排名第一

扫描二维码
登录潮新闻客户端
看视频

打造"让企业家有感"的最优营商环境

郁建兴　浙江工商大学
高翔　谈婕　浙江大学公共管理学院

营商环境是有为政府促有效市场的重要载体，是国家或区域经济社会发展的核心竞争力。营商环境没有最好只有更好。"八八战略"实施 20 年来，浙江坚持一张蓝图绘到底、一任接着一任干，不断完善市场经济基础制度、优化营商环境，为民营经济发展保驾护航。当前，面对不断变化的外部环境，浙江坚持需求导向，高位统筹，建立完善的"让企业家有感"的营商环境治理新体系，为打造最优营商环境提供内源动力，为实现高质量发展提供有力支撑。

从松绑、减负到赋能

良好的营商环境是浙江从资源小省成长为经济大省的重要保障。在经济发展的不同阶段，浙江各级政府紧扣市场发展所需，形成了各有侧重的改革议程。浙江营商环境建设重点从松绑、减负到赋能的演进，正是各级政府不断勇创体制机制新优势的生动体现。

20 世纪 90 年代到 21 世纪初，浙江优化营商环境的重点是"为市场松绑"。浙江率先启动强县扩权、扩权强县，深入推进省管县体制改革，着力增加地方政府特别是县级政府推动经济发展的自主行为空间，最大限度减少政府对企业经营生产的微观管理、直接干预，为民营经济发展营造了一个宽松的发展环境。"放水养鱼"的体制改革取得显著成效。

进入 21 世纪后，浙江开始更加系统地"为企业减负"。注册、登记和获取水、电、气等过程，在全球范围内都是企业生产经营中提升效率、降低成本的难点。1999 年，绍兴上虞成立全国首家行政服务中心，以物理集成、集中办事为核心，迅速掀起行政审批制度改革浪潮。在此基础上，浙江高度重视以数字技术赋能推进组织系统变革。2003 年，浙江正式提出"数字浙江"战略，以信息化带动工业化，将电子政务广泛应用于涉企服务。各级政府对内以条线部门信息系统为载体，初步实现商事服务、审批服务等业务在线；对外设立政务网站，为企业提供在线信息查询。党的十八大以来，浙江紧扣"放管服"改革要求，在 2014 年正式部署"四张清单一张网"，即政府权力清单、企业投资负面清单、政府责任清单、省级部门专项资金管理清单和浙江政务服务网，全面推进简政放权、创新监管、优化服务。依托政务服务网，浙江初步实现了省、市、县三级一体，为企业提供在线查询办事流程的一站式在线平台。2016 年后，浙江抓住"互联网＋"发展契机，率先提出以"最多跑一次"的理念和目标深化政府自身改革，全方位推进营商服务监管体系从碎片化、单一化走向整体化、多样化，着力降低制度性交易成本。在这一时期，浙江各级政府抓住企业家最为关心的商事制度、企业投资项目审批等事项，全面推进营商服务、监管事项上网，撬动营商环境和经济体制改革，显著提升了政府办事效率，降低了企业的经营成本。

近年来，浙江数字经济蓬勃发展，新兴业态不断涌现。面对新形势，浙江继续坚持需求导向，注重数字化改革实战实效，探索运用数据驱动为创新赋能。2018 年以来，浙江打造一体化智能化公共数据平台，快速建设全省统一的企业投资项目审批 3.0 服务平台，探索形成"无感监测"营商环境评价新机制，确立无时不在、无所不知、无事不扰、有求必应的营商环境服务监管新模式。全方位、系统性的数据汇聚和服务集成，不仅最大限度减少了各级政府在涉企服务监管、营商环境评价过程中对企业的不必要干扰，更通过跨部门横向协同、跨层级纵向联动，深化推进新业态发展所需的各类要素保障、制度保障。

优化营商环境治理体系

治理绩效是特定制度安排和外部环境影响下的短期表现，经济体的长久繁荣则有赖于良好的治理体系。浙江民营经济蓬勃发展、营商环境工作重点因时而变，但都建立在"让企业家有感"的营商环境治理体系之上。这一治理体系的关键，可以概括为"需求导向""开放创新"和"高位统筹"三个关键词。

"让企业家有感"是浙江坚持需求导向优化营商环境的关键所在。企业是市场发展的主体，营商环境好不好，企业家说了算；一个区域营商环境的短板弱项是什么、哪些工作需要放到优先位置，需要听取企业家的意见。在"最多跑一次"改革中，浙江大兴调查研究之风，畅通个体工商户、企业家等市场主体反馈问题渠道，义乌等地设立"跑一次没办成"咨询反馈窗口，积极回应企业家在办事中遇到的痛点、难点问题。2022 年，湖州市创新"亲清直通车·政企恳谈会"，每周三组织政企互动，高效闭环破解企业难题，由点及面出台助企纾困政策。2023 年 3 月，浙江省工商联发布 2022 年度浙江省万家民营企业评营商环境报告，以企业满意度为导向，邀请企业家系统评价要素、政务、市场、法治、创新五大环境，开展对各地区、各领域营商环境质量的全方位体检，为浙江持续优化营商环境诊断把脉、找准方向。

　　"开放创新"见证了浙江系统谋划营商环境工作的阶段性跃升。与中国绝大部分地区一样，浙江在全球经济体系中是工业化、城市化的后起之秀。后发须追赶，后发亦有优势：发达经济体已经积累了有利于经济发展的重要经验。充分自信助推充分开放，充分开放才能奋起直追。2019年，《浙江省营商环境评价实施方案（试行）》发布，全面接轨世界银行营商环境评价指标体系；2021年，杭州与北京、上海、重庆、广州、深圳一同列入国务院营商环境创新试点城市，力求在更加开阔的视野中提升城市营商环境国际竞争力。在数字经济领域，浙江开始在全球创新经济版图中崭露头角，率先面临平台经济、直播电商、跨境贸易等多种业态挑战。对此，创新是不二法门，也是应担之责。浙江充分把握数字经济创新提质的阶段性特征，率先落实《长三角国际一流营商环境建设三年行动方案》关于"探索开展数字营商环境改革试点"的要求，在全国首设市场监管局网监分局，提出"以算法治理算法"，创新"浙江公平在线""浙江外卖在线"等应用程序，为平台经济治理提供典范样本。

　　面对覆盖广、难度高的诸多改革任务，"高位统筹"是浙江持续、有效优化营商环境工作的重要保障。营造市场化法治化国际化一流营商环境，涉及市场主体在生产经营过程中的一连串事件。当前，企业家的"急难愁盼"多是难啃的"硬骨头"，要求各级政府开展有效的跨部门协同，要求政府以壮士断腕的勇气开展刀刃向内的自我革命。这些变革，涉及思想观念、领导体制、市场制度等各个层面，必须破除深层次的体制机制障碍，它们已经远远超出了单一职能部门的职责范围和能力范畴。因此，营商环境建设一直都是浙江省委、省政府的重点工作。自实施"八八战略"以来，浙江省委、省政府始终坚持围绕营商环境建设这一重点工作设立高规格领导小组，组织精锐力量形成具有清晰目标的工作专班，扎实、稳步推进营商环境优化的各项工作。各级党委、政府坚持统筹引领，如衢州市在全省最早设立营商环境办公室，要求全产业链全生命周期服务企业，坚持攻坚克难，将营商环境优化中的诸多"不行"转变为"能行"。2023 年"新春第一会"上，浙江省委将营商环境优化提升列为全省的"一号改革工程"，力求以改革的强力度和纵深度，进一步提升浙江集聚高端要素的吸引力，激发创新创业活力，提供现代营商环境治理的新样本。

营商环境建设仍须努力

当前，浙江已经成长为中国经济强省、民营经济强省，更在数字经济等领域形成了一定的先发优势。春江水暖鸭先知。浙江在经济社会快速发展过程中，比其他地区更早感受到市场秩序持续扩展、创新经济蓬勃生长的新要求、新挑战，开展了一些先行先试、因地制宜的改革创新，形成了一系列重要的制度成果，初步构建起适应现代经济发展所需的营商环境治理体系，为持续优化营商环境奠定了扎实的体制机制基础。对照国际一流营商环境的高标准和经济高质量发展的新要求，浙江的营商环境建设仍存在努力空间。

第一，优化提升营商环境需要超越政务服务等行政效率概念，更加关注政府治理的总体质量。审批流程复杂、耗时漫长曾是制约市场主体生产经营的关键环节，但经过多年努力，政府行政效率持续提升，已经显著降低了企业家的负担。相应地，企业家越来越关注市场准入是否开放平等、政府履约是否按时守信，以及公共政策是否稳定有序等方面。这就要求各级政府不仅要巩固政务服务改革中的既有成果，还要注重开展深层次的体制机制变革，建立更加开放、公平和可预期的制度与政策体系，增加营商环境优化的法治保障。

第二，优化提升营商环境需要跳出浙江看浙江。浙江是外向型经济大省，深度参与全球市场的合作与竞争。推进高水平制度型开放，不仅要求各级政府积极主动对接世界银行营商环境评价指标体系等规则标准，还需要在跨境电商、数字贸易等重要领域中积极承担责任，参与建构开放、包容和适应数字时代新经济业态的全球治理体系，为市场主体参与全球贸易提供更加完备的制度基础。

第三，营商环境需要有动态发展的长远眼光。在高质量发展新阶段，浙江面临着传统产业升级、创新产业培育等新使命，企业家也面临着技术创新投入多、要素获取成本高和市场竞争风险大等新挑战。相应地，各级政府不仅需要营造一个有利于市场竞争的开放、公平的营商环境，还需要通过出台技术、产业等领域的公共政策，积极引导产业升级和创新发展，不断完善新经济业态发展所需要的各项基础性市场制度。当然，政府绝不能替代市场机制，而要以基础性制度安排为核心，辅以恰当的激励型政策工具进行适度引导、助推，特别是充分运用数字技术新工具，开展更具集成性的制度创新，确保各类政策之间的整体性和协同性。

高质量发展是全面建设社会主义现代化国家的首要任务，良好的营商环境则是实现高质量发展的重要支撑。浙江在营商环境优化中的探索经验，特别是已经形成的重要制度成果、治理方式，不仅有助于浙江改革闯关，而且能够为全国改革探路。回顾改革开放历程，浙江的省管县体制改革、行政服务中心建设，以及"最多跑一次"改革等，均已成为全国优化营商环境的典范案例。下一步，通过营商环境优化提升"一号改革工程"，对标国际一流，锚定全国最好，浙江必将为中国构建具有全球竞争力的现代化经济体系贡献更大的智慧。

衢州市政务服务中心（文化艺术中心）航拍图（衢州市
营商办　供图）

优化营商环境没有完成时

周宇晗　　钱关键

　　当前，拼经济就是在拼营商环境。2023 年，浙江省营商环境优化提升"一号改革工程"大会上，浙江省委主要领导提出，全面打造一流营商环境升级版，全力打造营商环境最优省，在中国式现代化新征程上再创浙江发展环境新优势。

　　从昔日的资源小省到今天的经济大省，浙江提升吸引力和竞争力的一张金名片就是营商环境。早在 2003 年，时任浙江省委书记习近平同志就高瞻远瞩地将进一步发挥体制机制优势和环境优势写入了"八八战略"。20 年来，浙江沿着改革这条主线持续创新政务服务、健全体制机制、强化法治保障，为各类市场主体保驾护航。

政务服务跑出加速度

　　占地面积 2300 多亩、总投资 325 亿元，浙江时代锂电材料国际产业合作园从正式动工到投产，仅用了一年多时间，刷新了行业纪录。

　　"锂电行业技术更新非常快，时间就是生命。"浙江时代锂电材料有限公司副总经理徐兆辉说。为了养好"金凤凰"，衢州市委、市政府与企业联合成立领导小组、工作专班和项目建设指挥部，定期性、清单式、闭环式解决问题。此外，还有专人为企业代办注册、用电、用地等各项手续。项目投产3个月，产值就超过了10亿元。

作为全国营商环境标杆城市，衢州首创营商环境工作专班机制，系统集成营商服务，构建全产业链全生命周期服务体系。"过去做'减法'，让企业办事更快更方便；如今还要做'加法'，为企业提供更多主动服务、上门服务、无感服务。"衢州市营商办党组书记、主任洪寒月说。

担当有为的政府是营商环境的建设主体。在浙江工作期间，习近平同志大力推进机关效能建设，尤其重视高效和务实。近年来，浙江连续开展"四张清单一张网"、"最多跑一次"改革、政府数字化转型和数字化改革等，眼下又大力推进营商环境优化提升"一号改革工程"，在涉企事项上不断打破部门壁垒、简化办事流程、降低企业制度性交易成本。借助浙江政务服务网、"浙里办"等数字化应用程序，浙江网上政务服务能力连续多年领跑全国；"大综合一体化"行政执法改革国家试点等花落浙江……以政务服务"加速度"助力企业"抢先机"，已经成为浙江的标配。

如今，发展环境的不确定性、高质量发展任务的艰巨性，都对政府自身能力建设提出了更高要求。实现从便捷服务到增值服务的全面升级，意味着政府要前移服务关口，既要"想企业之所想"，更要"想企业之所未想"，做到企业生命全周期"办事不用求人、办事依法依规、办事便捷高效、办事暖心爽心"，做到"有求必应、无事不扰"。

体制机制赋能强信心

系统完备的体制机制是营商环境的基石。在浙江工作期间，习近平同志多次到温州、台州等地调研，提出再创浙江体制机制新优势。随后，在历届省委、省政府的统筹下，各地不断完善市场准入、公平竞争、社会信用等基础制度，同时结合自身发展特色展开探索。

在小微市场主体占比高达96.13%的台州，围绕"金融"这一"卡脖子"要素，一系列输血活血造血的体制机制正在形成：针对银企信息不对称，首创金融服务信用信息共享平台；聚焦抵质押物不足，创新商标专用权质押融资机制；打造"小法人银行"服务"小微企业"的"两小"特色金融模式，使"金融+"服务精准触达小微企业神经末梢。

生产缝纫机配件的台州市海菁科技有限公司受到新冠疫情冲击，又遇上当地缝纫机产业改造，必须购买新厂房、新设备。钱从哪里来？老板徐道华找上了地方法人银行台州银行，"工作人员来现场看了一下，3天后，500万元贷款就到账了"。

打造国际化营商环境，需要加快与国内外制度规则接轨，推进从商品要素开放到制度型开放的全面升级。近年来，杭州对标世界银行、国家营商环境评价体系和市场主体关切，先后6轮推出了728项改革举措，尤其是围绕国家营商环境创新试点，形成了"1个总体方案+153个专项方案"的改革落实体系。

系统性、集成性的体制机制改革激活了产业发展的指数效应。截至2022年，在中国（杭州）跨境电子商务综合试验区，8年来，跨境电商交易额增长了1000倍，企业数从2014年的不足2000家增长到2022年的55381家。

法治建设保障创新力

走进温岭（通用机械）知识产权快速维权中心，一排排服务窗口上方，清楚地标注着知识产权预审、维权、调解等功能。2023年，中心顺利通过了国家知识产权局的验收，已正式投入运行。

据温岭市市场监管局党委委员江卫介绍，通用机械产业是温岭最具代表性的产业。随着企业创新意识不断增强，专利数量快速增长，但知识产权侵权纠纷和维权援助需求持续增加。

习近平总书记强调，保护知识产权就是保护创新。温岭迅速构建起知识产权立体式保护体系，一体推进协同执法、行政裁决、纠纷调解、信用监管和合规整改，多项案例获评浙江省乃至全国典型，呵护了本土企业健康可持续发展。

法治是最好的营商环境。在谋划"八八战略"时，习近平同志就将法治建设视为发展"软环境"，强调"市场经济必然是法治经济""弘扬法治精神，形成法治风尚"。2006年4月，浙江省委十一届十次全会作出建设"法治浙江"的决定。

17年来，良法善治成为浙江民营经济发展壮大的重要支撑。在立法层面，浙江先后出台了《浙江省产品质量监督条例》《浙江省民营企业发展促进条例》《浙江省促进中小微企业发展条例》等地方性法规；在执法环节，开创了警方对企协同服务、涉案企业合规改革、"共享法庭"、法律顾问服务进网格等工作机制，让各类市场主体在浙江放心投资、安心经营、专心创业。2022年，浙江的营商环境满意度在全国工商联"万家民营企业评营商环境"调查中居全国首位，其中法治环境满意度在"五大环境"中位居榜首。

在浙江省委谋划推出的12项营商环境优化提升"一号改革工程"专项行动中，"涉营商环境法规制度'立改废释'专项行动"赫然在列。面向未来，如何推出更多具有特色性、前瞻性的立法成果和执法经验，如何在全社会营造尊法守法学法用法的良好氛围，已经成为浙江在新一轮营商环境竞争中亟待破解的重要课题。

软环境 硬支撑

徐梦周 中共浙江省委党校（浙江行政学院）工商管理教研部

20 年来，浙江高度重视营商环境建设，沿着市场化、法治化和国际化三个方向同步发力，巩固已有优势、发掘潜在优势、创造新的优势，让软环境成为发展的硬支撑，有效地打开了高质量发展的新空间。

始终坚持在高起点、高标准上求突破。营商环境的优与劣是不断比较的过程，包括在纵向上与过去比，在横向上与其他地区比，同时还要参照国际通行的标准。营商环境的内涵在不断地延伸、深化，好的营商环境标准是一个相对的、动态的概念。20 年来，浙江对照国际一流、锚定国内先发、直面市场和群众感受，高水平做好"规定动作"、创新"自选动作"，迭代优化营商环境的理念一以贯之。

始终坚持在全方位、系统性上求突破。营商环境的优与劣是各方配合的过程，综合反映了一个地方的执政理念、治理水平、行政效能和整体风貌。营商环境的优化需要政务、法治、市场、经济生态和人文环境改革同步推动、协同联动。

20年来，浙江坚持追求系统集成性和叠加效应，从"局部创新"向"系统改革"迈进，以深刻转变政府职能为核心，创新体制机制，健全市场经济运行的法治保障、信用保障、社会保障，全方位优化营商环境的理念一以贯之。

始终坚持在自驱动、可持续上求突破。营商环境的优与劣是持续攻坚克难的过程：对于政府而言，改革步入深水区，面对的都是难啃的"硬骨头"；对于企业而言，迫切需要加快创新，切实增强核心竞争力；对于全社会而言，需要强化包容性以及发挥诚信友爱的积极作用。20年来，浙江逐步形成走在前列、合作共赢的社会风气，营造"干部敢为、地方敢闯、企业敢干、群众敢首创"的良好氛围，让优化营商环境成为一种人文特质的理念一以贯之。

"地瓜经济"
提能升级"一号开放工程"

进一步发挥浙江的区位优势，主动接轨上海、积极参与长江三角洲地区合作与交流，不断提高对内对外开放水平。

——"八八战略"

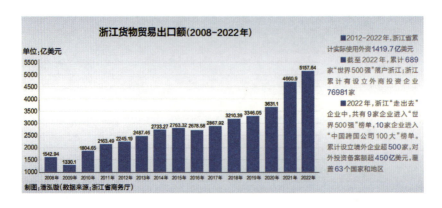

制图:潘泓璇(数据来源:浙江省商务厅)

扫描二维码
登录潮新闻客户端
看视频

"地瓜经济"的进化和实践启示

平新乔　北京大学经济学院

以"地瓜经济"来概括浙江经济发展特色和发展战略，不仅体现了"立足浙江发展浙江""跳出浙江发展浙江"的立意，而且蕴含着浙江经济发展的成功经验和实践智慧。"地瓜经济"涉及经济发展的"根"和"藤蔓"、企业与网络、本土经济基础与对外发展、"走出去"与"引进来"、资本输出与反哺本国本地经济发展升级乃至经济的内循环与外循环之间的链接等一系列关系。

"地瓜经济"的鲜明特色

以企业为本。地瓜的"瓜"，就是企业，也指企业的产品、技术、人才和企业所拥有的一切资产的价值。地瓜的"藤蔓"，是指企业向外部伸展出的联系和链接。企业要生存和发展，必须向外部采购各种生产要素，企业在做大做强的过程中也会发生生产过程的分离，衍生出许多分企业。因此，我们讲"地瓜经济"，实质就是讲以企业发展为本、以企业为核心发展健全企业的一切内外关系。这些企业内外关系不可能只限于本地空间范围，会呈现类似于地瓜藤蔓向邻家园子延伸的状态，因此，称呼这样的经济发展生态为"地瓜经济"是非常贴切的。

以网络为基。"地瓜经济"是一种网络经济。网络的基点是"瓜"，也就是企业；网络的线是"藤蔓"，也就是企业的内外联系。"瓜"与"藤蔓"之间，存在"瓜连藤""藤结新瓜""新瓜又连新藤""新藤又结新瓜"的发展趋势。比如，企业在外地"站住脚"后，相当于结成一个新"地瓜"。在此基础上发展工业园区，就是把新"地瓜"做大，这又必定会蔓延出新的经济关系，蔓延出新的"藤蔓"。这样，就会形成一个以浙江为根并整合全球资源的大网络。

从市场中来。"地瓜藤蔓"的延伸不是政府主导的，而是市场自然而然发展的结果。"地瓜藤蔓"所形成的空间范围，取决于企业所拥有的社会资本和人力资本的总量。"地瓜藤蔓"能否在浙江省外、国外落地，取决于当地政府的管辖和调节，也离不开浙商自身的打拼。因此，浙商在外发展，要遵从投资地的文化、法律，也要为当地经济发展作贡献，为提升当地居民的生活水平作贡献。浙商在外的发展不会一帆风顺，而是一个充满风险、挫折的过程，是一个"磨蹭"的过程。不可能期望"地瓜"的"藤蔓"伸展出去，就能很快抱一个"大地瓜"回来。

浙江"地瓜经济"的进化

近50年来，浙江的"地瓜经济"经历过四次"进化"。

20世纪70年代至80年代，以乡镇企业为主体。社会主义市场经济初创时期，浙江乡镇企业派出成千上万的"采购员"，到省外找原材料，找国企淘汰的旧机器，找产品市场，可谓"走遍千山万水、想尽千方百计、说尽千言万语、吃尽千辛万苦"。经过十几年的发展，以乡镇企业为"小地瓜"、链接全国市场的初级"地瓜经济"在浙江形成规模。那时的"地瓜经济"带有依托大城市经济的特征：为大城市制造业做零配件，或者承接国有制造业更新升级后所转移出来的产业，如绍兴的轻纺工业、永康的小五金产业等。

20 世纪 90 年代至 21 世纪前 10 年，到浙江省外、国外开办企业，在"藤蔓"延伸处又结新"瓜"。截至 2013 年，浙商企业的对外非金融类直接投资存量已经达到 109.8 亿美元，在全国省级排名里位居第六。浙江也逐渐增加"外省投资者"来浙投资的占比，省外投资占浙江投资总额的比重从改革开放初期的 1.6% 上升到近年的 27% 左右。截至 2023 年 4 月，在浙江省外的投资者最多的省份前五位依次是安徽、江西、河南、江苏与湖北。这说明，"地瓜藤蔓"的延伸高度依赖于文化与历史所形成的社会网络。

2012 年之后的 10 年，受中美贸易摩擦和新冠疫情影响，浙商企业在曲折中升级。对外非金融类直接投资存量方面，浙商企业在 2017 年达到历史最高值 983.9 亿美元，2018—2020 年，这个存量有所下降，但是在 2021 年回升至 823 亿美元。总的看来，2012—2021 年，浙商对外投资的存量增长了 7 倍。这一阶段的"地瓜经济"具有一些重要特点：第一，"地瓜"做大了。与 2010 年前相比，浙商对外直接投资存量从不到 60 亿美元增长到 2010 年代的近千亿美元。第二，布局更自觉。过去，浙商企业走出浙江时，往往是遵从自下而上的模式，即企业到省外、国外发展，遇到什么机会就抓住什么机会。而现在，企业向外发展开始有自上而下模式了，即企业选择什么产业、在什么地区投资，也要同时考虑公司的发展使命和战略定位。第三，产业结构有提升。靠近世界技术与产业价值链高端前沿，重视在东南亚、中美洲的布局。因为东南亚地区在社会网络上与浙商有千丝万缕的联系，而中美洲目前欢迎我们去投资，有利于我们接近和进入北美发达市场。截至 2020 年，浙江省经审批核准或备案的境外企业和机构共 11066 家，覆盖全球 148 个国家与地区。

2022 年以来，尤其是党的二十大以后，"地瓜经济"进入一个新发展时期。一是主动接近发达国家市场,大力开辟和建设墨西哥工业园区。墨西哥是《美墨加协定》签约国,进入墨西哥的浙商可以享受出口美国、加拿大的低关税甚至零关税,这就规避了美国对我们的贸易壁垒。二是强调藤蔓"反哺"根茎,强调在"走出去"的同时,做好头部项目和总部经济。三是随着高水平对外开放成为加快构建新发展格局、推动高质量发展的重要内容,可能出现多个省份和地区同时发展"地瓜经济"的场景。浙江要与兄弟省份多多合作,把中国的"大地瓜经济"做好。

"地瓜经济"与产业升级

发展"地瓜经济"要澄清几个问题:

第一,即便是去发展中国家投资建厂,也有利于"地瓜经济"做大做优。浙商将一部分产能转移到国外,能利用到更廉价的生产要素,也缩短了与终端市场的距离,这就可能降低生产成本和销售成本,提高资源配置的效率,而提高效率是高质量发展的核心内涵。这个道理,经济学家弗农(R.Vemon)早就指出过。他说,当企业的生产处于标准化阶段、价格竞争激烈时,就应当把生产业务转移到劳动力成本低的国家。

第二,如果遇到机会接受世界产业链里一个环节的加工制作招标,就有可能通过"干中学"的方式接受发达国家的技术溢出。最先进的技术是会通过产业链和劳动者的人力资本外溢的。只要在国际产业链里打入一个环节,把该环节所蕴含的技术消化透了,就可以向两头发展。一头是"往上"发展,进一步学习支撑现存生产环节的基础技术,一步步向更上游的技术靠拢;另一头是向最终市场端前沿进展。按照技术创新的产业经济学最新理论,创新的基本要素有三个:一是跟随世界技术前沿,二是汇集含有高技术前沿人力资本的人才,三是建立大学、企业和政府机构合作的创新机构。如果能够收购一家制造前沿产品的企业，在以上三条里就至少占了两条，是有条件提升我们的创新水平的。

第三，浙江目前强调以藤蔓"反哺"根茎，也有可能成为一个新的创新过程。要让藤蔓"反哺"根茎，首先得把"藤蔓"做得茂密，要利用浙江的基础设施把在外浙商所需的资金、物流和人力资本及时送到位。浙江在基础设施上具有数字经济网络和人工智能产业优势，以及以宁波舟山港、"义新欧"中欧班列为代表的物流枢纽优势。我们应该努力利用这些一流的基础设施来支持浙商在全世界的发展，这样才能为浙江省内企业争取更多的订单，为省内经济发展输送人才，把在海外学到的技术带回来。我们目前强调头部项目和总部经济，这个思路非常正确。头部项目是指一条产业链上价值最大的那几个项目，是产业链里的核心价值所在，一般与研发密切相关。总部经济的"总部"则是指跨国公司的指挥决策中心所在地。总部经济往往会集中几个头部项目，但总部经济不等于头部项目。

2023 年以来，浙江各地以相当力度推进总部经济和新工业科技园区的建设。这里需要注意几点：一是我们与美国在创新模式上有差异。美国是以"闭路式"研发先导推出新型产品的，即产业新形态先是在国家支持的实验室里设计、试验，然后再由私人部门去推销。而德国、日本和中国在产业产品创新领域则比较重视"制造先导"的创新模式，如日本 20 世纪 80 年代的"质量革命"、德国工业 4.0 模式都是主张从解决制造实践里的技术问题出发进行研发。工业研发与基础理论研发还是有区别的，因此，我们要重视就"地瓜经济"里的升级问题展开攻关。二是工业产品创新和技术创新不同于基础理论创新，那些认为工业产品创新和技术创新只需要交给企业家去做的想法就显得太简单了。政府人员要组织、要关注，也要引导。三是工业创新基本上属于应用创新，创新机构在其中具有重要作用。创新机构的建立与运行也需要政府尤其是地方政府深度参与。政府要承担半个企业家的功能，组织科技攻关。

杭州传化公路港（传化集团 供图）

枝繁叶茂　根壮藤广

李雅南　周琳子　叶梦婷

2023年"新春第一会"上，浙江省委明确提出强力推进开放提升，加快打造高能级开放之省，实施"地瓜经济"提能升级"一号开放工程"。

何为"地瓜经济"？2004年，习近平同志在《在更大的空间内实现更大发展》一文中曾有科学精辟的论述——地瓜的藤蔓向四面八方延伸，为的是汲取更多的阳光、雨露和养分，但它的块茎始终是在根基部，藤蔓的延伸扩张最终为的是块茎能长得更加粗壮硕大。可以说，"地瓜经济"背后是"向开放要空间"的发展模式，是"跳出浙江发展浙江"的战略思路，揭示了"站稳脚跟"和"扩大开放"的辩证关系。

"不断提高对内对外开放水平"也是"八八战略"的重要内容之一。20年来，浙江紧握"开放经济"这张金名片，深度参与全球产业分工合作，有序推动企业高水平地走出去、高质量地引进来，推动内外贸综合实力提能升级，让浙江经济在开放中拔地而起、茁壮成长。

走出去，闯世界

浙江有 600 多万浙商纵横国内，200 多万浙商遍布全球，他们就像"地瓜经济"伸展在世界各地的藤蔓，汲取着更多的阳光、雨露和养分。

上午 8 时，德力西乐清生产基地就已是一片热火朝天的景象。与此同时，远在安徽的德力西电气芜湖工业园内，一台台搭载视觉传感装置的机械臂灵活舞动，组装着精密的工件。

回忆起当年习近平同志来德力西调研的情形，集团高级副总裁胡成虎感慨万千："当时，德力西集团试图通过多种方式面向全国布局发展，但集团董事局主席胡成中心里没底。习近平同志鼓励我们说，省委、省政府支持你们'走出去'，不仅要去抢占全国市场，还要去抢占国际市场。"

习近平同志的一席话，给德力西吃下了一颗"定心丸"。在那之后，德力西就把研发中心搬到了上海，并在安徽芜湖、河南濮阳布局了生产基地。如今，德力西的"藤蔓"已经伸向俄罗斯、巴西、印度、土耳其和西班牙。"通过走出去，我们实现了精益生产，推动了工厂信息化和工业自动化互通互联，20 年来，年营收已翻了 10 多倍。"胡成虎说。

德力西通过"走出去"发展壮大的过程，离不开当地政府的支持。温州市商务局党组书记虞立清告诉记者，温州已推动建立省级以上境外经贸合作区 6 家，是拥有国家级境外园区最多的地级市。

德力西下定决心"走出去"的过程，是浙江众多民营企业的缩影。彼时的浙江，由于生产要素和自然资源的相对缺乏，民营企业面临发展的瓶颈。于是，一向拥有开阔外向心态的浙江人开始加快到外省投资的步伐。但如何看待本地企业"墙外开花"的现象，出现了不同的声音。习近平同志通过多次调研明确表示，在市场经济条件下，生产要素的优化配置和跨区域流动，是一个必然的规律，无可厚非。"立足浙江发展浙江，跳出浙江发展浙江"由此成为浙江重要的发展理念。

20 年来，浙江一直高度重视企业"走出去"。截至 2022 年，浙江累计设立境外企业超 500 家，对外投资备案额超 450 亿美元，覆盖 63 个国家和地区。

引进来，强浙江

藤蔓的延伸扩张为的是块茎能长得更加粗壮硕大，地瓜的根始终扎在发芽的地方。

上午 10 时，位于杭州市萧山区的传化化学全球研发中心里，表面活性剂研究所的高宗春博士正在忙着低温皂洗技术的开发。这项技术能够有效降低纺织工业的环境污染。

这家研发中心实验室面积超过 2 万平方米，配备精密分析仪器逾亿元，现有本硕博学历的专业技术人员 1000 余人。"我们在全球有很多研发中心，但是总部研发中心的技术能力是最强的。"传化集团总裁陈捷介绍说，"浙江有我们的集团总部、物流总部、化工总部基地，我们主要的利润贡献和税收贡献也都在浙江，未来也将进一步加大在本土的投资。"

浙江把做大做强链主企业、总部经济作为发展"地瓜经济"的重要抓手。2023 年开年，杭州即推出《关于推动杭州总部经济高质量发展的实施意见》，并立下目标：到 2025 年，总部企业数量新增 100 家以上，百亿级总部企业突破 60 家，千亿级总部企业突破 10 家。

"地瓜经济"也是一种反哺经济。在浙商论坛 2005 年峰会上，习近平同志指出，我们既鼓励和支持浙商"走出去"发展，也倡导和支持在外浙商积极反哺家乡，踊跃回乡投资，参与家乡建设。

2022 年 12 月 23 日，第六届世界浙商大会召开，招引项目共计 78

个，总投资额 3699 亿元，为历届之最。开幕式上签约项目 24 个，其中投资 50 亿元以上的项目就达 11 个，主要围绕"415X"先进制造业集群，产业特色鲜明、科技含量高。

建枢纽，行天下

产业藤蔓快速延伸，需要链接全球的现代物流服务体系保障国际供应链畅通。

2023 年 5 月 4 日下午，满载 100 标箱百货商品的"义新欧"中欧班列从义乌铁路口岸鸣笛启程，前往欧亚大陆。几分钟后，满载着 100 标箱出口货物的海铁联运班列，从义乌铁路西站驶往宁波舟山港北仑站。

据国际陆港集团提供的数据，2023 年一季度，义乌海铁联运共发运 20756 标箱，同比增长 3.75%。"宁波舟山港是义乌制造的重要'出海口'。"义乌某物流企业负责人刘先生告诉记者，这些出口商品享受到了义甬舟开放大通道、"第六港区"建设带来的一体化便利，有的货物进入义乌港视同进入宁波舟山港，实现了"一次申报、一次查验、一次放行"。

"义新欧"中欧班列、宁波舟山港、义甬舟开放大通道以及正在推进的金丽温开放大通道，提高了大宗商品配置能力，为浙江外贸高质量发展提供了重要支撑。据杭州海关统计，2023 年一季度，浙江进出口、出口数据双双恢复同比正增长，出口规模居全国第二；进出口总值 1.13 万亿元，同比增长 4.8%。

对外贸易是浙江省的优势所在。习近平同志 2004 年 12 月 20 日在全省经济工作会议上提出，加快转变外贸增长方式，推动外贸从数量增长为主向以质取胜转变。面对日益复杂的外部环境，浙江要让"贸"行天下向"产"行天下和"智"行天下跃迁。近年来，浙江高新产品出口持续增加，总值已从 2011 年的 994.9 亿元上升到 2020 年的 2025.4 亿元。

"浙江从制度机制、政策措施、生态体系等方面发力，全力推进贸易新模式新业态先行先试、成型成势。"浙江省商务厅对外贸易发展处副处长李琳说。海外仓是优化国际供应链布局的关键节点，浙江省已经建设近 1000 个海外仓，遍布全球 69 个国家、195 个城市。

浙江地处东南沿海开放"窗口"，唯有让"地瓜"的藤蔓越伸越长，让"地瓜"的根茎越长越壮，把"地瓜经济"越耕越甜，方能为经济高质量发展注入新动能。

「地瓜」新种法

兰建平　浙江省发展规划研究院

实施"地瓜经济"提能升级"一号开放工程",是浙江面对新挑战、新机遇提出的新战略。新时期要用新技术、新能力、新模式"种出"具有数字味、网络味、文化味的好"地瓜"。新种法需要把握四个重点:

一是让"地瓜藤蔓"伸向更高更好的能量场。全球产业链、供应链正在深度重构,对浙江省全面拓展对内对外开放的广度和深度提出更高要求:对内要深度参与长三角一体化、长江经济带建设等国家战略,全方位融入全国统一大市场;对外要积极融入全球产业链,支持跨境电商企业开拓国际市场、布局公共海外仓,全面提升"一带一路"国际合作中的参与度、连接度、影响力。提高产业链、供应链的安全性、稳定性,提升市场主体的创新力,推进企业参与双向开放发展的各种场景创新。

二是大力提升"地瓜经济"自身的品质。要"追着太阳种地瓜",用文化加工"地瓜"。一个"地瓜",体现的是经济，展示的是文化。如果说以前种地瓜是为了做主食，那么今天种的地瓜，更多是为了吃出健康的新路子、品出自然的新味道、创造经济文化的新价值。

三是优化"地瓜经济"的内外发展环境。从"最多跑一次"到"数字化改革"，再到营商环境优化提升"一号改革工程"，是刀刃向内的革命。在更高开放水平上的开放，就是要优化世界经济贸易的新规则。从共建"一带一路"倡议、全球发展倡议到全球安全倡议，就是要在外部发展环境上实现大开放、大提升，促进经济的大发展。

四是运用新技术、掌握新方法，推动新成长。要努力在集群化、数字化、绿色化上下功夫。"独木难以成林"，要寻求"地瓜"集群化的生长新路，展示"地瓜经济"的集群效应；在数字与互联网社会里，以数据要素价值化为切入点，以数字赋能"地瓜经济"，向"数字地瓜"要生产力；要以生态资源价值化为突破口，实现"地瓜经济"的品质提升和市场拓展。

民营经济

浙江高质量发展的金名片

进一步发挥浙江的体制机制优势，大力推动以公有制为主体的多种所有制经济共同发展，不断完善社会主义市场经济体制。

——"八八战略"

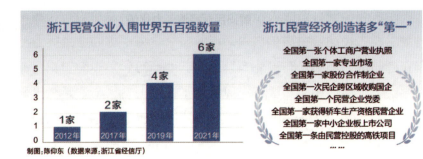

浙江民营企业入围世界五百强数量

1家 2012年
2家 2017年
4家 2019年
6家 2021年

浙江民营经济创造诸多"第一"

全国第一张个体工商户营业执照
全国第一家专业市场
全国第一家股份合作制企业
全国第一次民企跨区域收购国企
全国第一个民营企业党委
全国第一家获得轿车生产资格民营企业
全国第一家中小企业板上市公司
全国第一条由民营控股的高铁项目
······

制图：陈仰东（数据来源：浙江省经信厅）

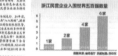

民营经济：推进中国式现代化的重要力量

盛世豪　浙江省社科联

潘家栋　中共浙江省委党校（浙江行政学院）

党的二十大报告明确提出，促进民营经济发展壮大。二十届中央全面深化改革委员会第一次会议指出，支持民营经济发展是党中央的一贯方针，并审议通过《关于促进民营经济发展壮大的意见》。在浙江工作期间，习近平同志就高度重视民营经济发展，指出浙江的活力之源在于改革，"首先又体现于具有先天市场属性的民营经济的发展"。"八八战略"的第一条就是，进一步发挥浙江的体制机制优势，大力推动以公有制为主体的多种所有制经济共同发展，不断完善社会主义市场经济体制。20年来，浙江始终坚持"两个毫不动摇"，依法平等保护民营企业产权和企业家权益，着力破除制约民营企业发展的各种壁垒，推动民营经济再创新辉煌、实现新飞跃。

政策举措持续完善

民营经济是浙江经济最大的特色优势，民营企业家是浙江的宝贵财富。20年来，浙江始终坚持和完善社会主义基本经济制度，持续构建亲清政商关系，着力打造一流营商环境，有力促进了"两个健康"，助推民营经济发展壮大。根据全国工商联《2022 年"万家民营企业评营商环境"报告》，浙江省营商环境满意度已连续 3 年排名全国第一。

高规格召开全省民营经济大会。2004 年 2 月，时任浙江省委书记习近平同志亲自主持召开全省首次民营经济工作会议并发表重要讲话，强调推动民营经济新飞跃，必须着力推进"五个转变"，实现"五个提高"，并推动出台《关于推动民营经济新飞跃的若干意见》。此后，浙江又先后于 2012 年、2022 年高规格召开全省民营经济发展大会，着力打造营商环境最优省、市场机制最活省、改革探索领跑省。2011 年 10 月，在民营企业发展面临重重困难的背景下，浙江省委、省政府审时度势，精心谋划召开首届世界浙商大会，习近平同志给大会发来贺信，开启了新时期民营经济发展"创业创新闯天下，合心合力强浙江"的新篇章。此后，定期召开的世界浙商大会成为浙江省委、省政府支持浙商创业创新的重要平台，截至 2022 年已连续召开了 6 届。2022 年 12 月，第六届世界浙商大会共招引项目 78 个，总投资额 3699 亿元，创下历届世界浙商大会之最。

持续深化完善支持民营经济发展的政策举措。2006 年 1 月，浙江省政府出台的一号文件就是《关于鼓励支持和引导个体私营等非公有制经济发展的实施意见》，明确提出法律法规没有明确禁入的行业和领域，非公有资本都可以进入。2011 年，浙江又推出《关于支持浙商创业创新促进浙江发展的若干意见》，省发改委等 16 个部门相继出台 12 个配套文件，形成了较为完备的"1＋X"政策体系，着力营造亲商、安商、富商的创业创新环境。党的十八大以来，浙江又先后出台《关于进一步促进民营经济高质量发展的实施意见》《关于推动新时代民营经济新飞跃的若干意见》等文件。2020 年 1 月，浙江省十三届人大三次会议表决通过《浙江省民营企业发展促进条例》，是全国首部促进民营企业发展的省级地方性法规，为地方立法保障和促进民营企业发展提供了浙江方案。

精准服务助推民营企业转型升级。建立健全各级党委、政府主要负责人与民营企业家定期沟通等举措，搭建"亲清直通车·政企恳谈会"平台，建立常态化政商沟通机制，协调解决企业发展难题。优化营商环境，从机关效能建设到"四张清单一张网"，从"最多跑一次"改革到全面实施数字化改革，优化企业办事流程，缩短企业办事周期，提高企业办事效率。大力支持有条件的企业加大研发投入力度，建设企业研究院等平台载体，鼓励民营领军企业组建创新联合体，开展"卡脖子"技术协同攻关，强化民企创新主体地位。深入实施"雄鹰""雏鹰""凤凰"行动，培育一批具有国际竞争力的大企业，支持"专精特新"中小企业发展，促进大中小企业融通发展。深入实施融资畅通工程升级版，扩大直接融资规模，推进小微企业信贷"增氧计划"和金融服务"滴灌工程"。

成效显著表现亮眼

2012 年到 2021 年，浙江省民营经济增加值从 2.2 万亿元增加到 4.9 万亿元，民营经济占 GDP 比重从 63.8% 提高到 67%。2021 年，民营经济创造了全省 73.4% 的税收、81.6% 的货物出口、58.8% 的投资和 87.5% 的就业人数。浙江"民营老板率"达到每 7.8 人中 1 个。根据全国工商联发布的 2022 中国民营企业 500 强榜单，浙江省入围中国民营企业 500 强数量为 107 家，连续 24 年居全国首位。

民营经济持续引领产业升级。2020 年，浙江民营经济增加值三次产业占比达到 5.0∶47.0∶48.0，对比 2012 年 7.5∶54.3∶38.2 的产业结构，三产占比显著提升，成为民营经济主导产业。2022 年，浙江规模以上工业中，民营企业数量突破 5 万家，占比 92.2%，增加值突破 1.5 万亿元，占比 70.3%，对规模以上工业增加值的增长贡献率为 83.2%；规模以上服务业中，民营企业占比超八成，收入增长 2.0%，增速高出规模以上服务业 1.1 个百分点。

民营经济创新力度日益增强。近年来，民营企业不断成为浙江科技创新的主力军。2020 年，浙江省规模以上民营企业中，有 2.3 万家开展了科学研究和试验发展活动，占被调查企业的 42.4%。2021 年，规模以上工业企业中，有研发费用支出的民营企业 3.4 万家，占规模以上工业企业中有研发费用支出企业数的 89.8%。数万家规模以上民营企业设立了研发机构，助推企业转型升级和高质量发展。根据全国工商联发布的"2022 民营企业研发投入"榜单，浙江省的阿里、吉利、蚂蚁集团和网易分别排名第二、第五、第六和第十位，榜单前十位中浙江占据四席，与北京并列第一。

民间投资规模扩大表现亮眼。浙江民间投资规模持续扩大，占固定资产投资总额的比重持续上升，成为拉动经济增长的重要引擎，2022 年民间投资占固定资产投资总额的比重达到 56.4%。不仅如此，浙江民间投资涉足面已相当广泛，基本覆盖国民经济的各个领域，在发电、能源勘探开发、金融服务等垄断行业都有所突破，投资形式灵活多样。浙江民营企业在对外投资方面表现突出，2021 年民营企业累计对外投资企业（机构）644 家，占全省总数的 95.69%，对外直接投资备案额为 84.31 亿美元，占全省备案总额的 93.77%。

民营企业社会责任不断提高。民营经济发展提供了大量就业岗位，2021 年末民营经济就业人员占比为 87.5%，成为吸纳新增就业、增加居民收入的主体力量。民营经济还参与各项社会事业、积极提供公共服务，成为民生保障的重要载体。2021 年民办养老机构、民营卫生机构所占比重都超过了一半；民间公共服务领域投资 199.8 亿元，增长 19.6%，分别比全部投资和民间投资高出 8.8 个和 10.7 个百分点，其中教育设施、体育设施和卫生设施等投资增速均超过了 15%。

推动实现新发展

毫无疑问，我国经济能够创造中国奇迹，民营经济功不可没。民营经济是我国经济制度的内在要素。公有制为主体、多种所有制经济共同发展，按劳分配为主体、多种分配方式并存，社会主义市场经济体制等社会主义基本经济制度，是党和人民的伟大创造。社会主义基本经济制度把社会主义制度和市场经济有机结合起来，既充分发挥市场在资源配置中的决定性作用，又更好发挥政府作用。坚持和完善社会主义基本经济制度是习近平新时代中国特色社会主义思想的重要内容。党的十八大以来，习近平总书记高度重视民营经济发展壮大，多次重申坚持和完善基本经济制度，坚持"两个毫不动摇""三个没有变"。2023 年全国两会期间，习近平总书记又明确强调"两个给予"（在民营企业遇到困难的时候给予支持，在民营企业遇到困惑的时候给予指导）、"两个都是"（无论是国有企业还是民营企业，都是促进共同富裕的重要力量，都必须担负促进共同富裕的社会责任）。因此，我们必须从推进中国式现代化建设全局的高度，充分认识民营经济是社会主义市场经济的重要组成部分，充分认识民营经济是推动中国式现代化的重要力量，充分认识民营经济发展壮大是中国特色社会主义制度优越性的充分彰显。

2023 年是"八八战略"实施 20 周年，我们要牢牢把握高质量发展这一首要任务，进一步完善政策机制，持续优化营商环境，推动民营经济再创新辉煌、实现新飞跃。

一是要结合贯彻落实《关于促进民营经济发展壮大的意见》，进一步推进落实《浙江省民营企业发展促进条例》。结合实施情况，坚持问题导向，在依法保护民营企业产权和企业家权益、维护和促进市场公平竞争等方面，进一步完善政策机制，真正让民营企业家放心创业、安心经营、专心发展。

二是要营造良好的社会舆论环境。进一步加大对党中央鼓励支持民营经济发展壮大重大决策部署的宣传解读，紧密结合浙商"四千"精神，让全社会更充分地认识民营经济在共同富裕和中国式现代化中的重要作用，着力营造尊重企业家、理解企业家、支持企业家的良好氛围。

三是要加大政策支持力度。进一步构建完善的民营经济高质量发展政策体系，提高民营企业对于未来发展的信心以及对于未来政策的预期。凝聚共识清理废除妨碍统一市场和公平竞争的各种规定和做法，破除制约民营企业发展的各种壁垒，以竞争中性原则为指导，完善促进中小微企业和个体工商户发展的环境，激发各类市场主体的活力。健全企业家参与政策制定的沟通机制，从源头上确保政策不跑偏。

四是推进民营经济创新发展。鼓励加大科技创新力度，支持推动民营企业承担国家重大科技战略任务，参与国家产业创新中心、国家制造业创新中心、国家工程研究中心、国家技术创新中心等创新平台建设，成为基础研究、"卡脖子"技术攻关以及应急科研攻关的重要力量，以创新助推民营经济做大做强。

五是支持民营企业更好履行社会责任。社会责任是企业家精神不可或缺的重要内涵和表现形式。要引导民营企业积极构建和谐劳动关系和全体员工利益共同体，主动参与公共服务供给、乡村振兴战略、社会公益实体建设等，努力为共同富裕贡献力量。

极氪智慧工厂（极氪智慧工厂　供图）

解码民营经济活力优势

吴晔　周琳子

企业有活力，经济有动力。民营经济是浙江经济的最大特色和最大优势。20年来，浙江民营企业活力持续迸发。

缘何有活力？体制先行。20年前，习近平同志亲自擘画"八八战略"，提出要"进一步发挥浙江的体制机制优势，大力推动以公有制为主体的多种所有制经济共同发展，不断完善社会主义市场经济体制"。活力怎么样？用数据说话。目前，浙江民营经济贡献了全省67%的生产总值、71.7%的税收、82.6%的出口、87.5%的就业和92.5%的企业数量。

20年来，浙江持续向民营企业注入汩汩动力，持续放大民营经济活力优势。可以说，现在浙江的民营经济既铺天盖地又顶天立地，不仅体量大、覆盖广，而且高精尖、高大上。

把脉痛点　迎难而上

谈及民企优势，徐远志脱口而出两个字——"灵活"。作为乐清市经信局数字化推进科科长，他见证了不少民营企业的发展之路。"民营企业的优势，是对市场的嗅觉非常灵敏。比如对进军新能源市场的快速反应，让不少民企抢占了新赛道。"

远在 340 公里之外的桐乡经济开发区，6500 平方米的动力总成试验中心厂房中，浙江鑫可传动科技有限公司引进的汽车电机电控领域专家王长江博士，正带领团队测试两档变速箱的性能。"我们正在调试样机，进入批量生产前，要解决一个技术瓶颈，就是两档箱的设计、控制策略和控制算法，同时还要克服降成本的难点。"王长江博士介绍说，"下一步，鑫可传动将把两档变速箱的动力总成推向市场。这个产品的特点：一是相较于业内同级别产品，能耗降低 6% 以上；二是产品能够轻量化，从而降低整车造价成本，提升整车性能。"

深耕新能源减速器总成多年，鑫可传动坚持把脉痛点、迎难而上。"我们民企机制灵活，能敏锐地捕捉市场动向，愿意花大力气填补市场空白，投入大量研发经费开展技术创新。目前，公司已取得国内外专利 100 多项，去年被认定为国家高新企业，今年又成为专精特新企业。"公司董事长於文勇的一席话道出了绝大多数民企的活力源泉——对技术的不断创新和对研发的持续投入。

2023 年第一季度浙江经济运行情况显示，工业生产企稳回升，新能源产业蓬勃发展，规模以上工业中，民营企业增加值增长 5.5%。

脚踏实地　苦练内功

"一生坎坷，勤为本，善始善终；万事曲折，韧是先，不气不馁。"温商程慧秋是电视剧《温州一家人》中周阿雨的原型，浙商博物馆陈列着她的这句人生感悟，也是无数浙商的"心经"。

事实一再证明，不论是处于行业发展"黄金期"，还是遭遇疫情"寒冬"，民营企业唯有脚踏实地坚持基础能力、核心能力建设，心无旁骛、锲而不舍专注科技创新，持续投入研发，实现重大技术突破，才能不断做大做强做优。

技术创新，是企业生存发展的命脉，也是实现可持续发展的唯一途径。"我们自主研发云平台，设计智能断路器产品、智能照明产品，目前产品的稳定性、可靠性以及性能指标都优于市场现有产品。"温州大学乐清工业研究院游颖敏副教授说，"我们服务乐清本地300多家低压电器民营企业，通过产品的智能化迭代升级和改造提升，帮助企业迅速抓住机遇、占领市场。目前，乐清市政府、各民营企业与我们研究院一道共同努力，助力乐清打造世界级先进智能电气产业集群。"

企业韧，经济稳。蚂蚁集团董事长兼CEO井贤栋表示："尽管面临着复杂的外部环境和挑战，但是中国经济展现出强大的韧性和活力。作为浙江民营企业的一分子，同行们主动争先的突围精神和敢为人先的创新精神，也激励着我。"

转型升级　持续发力

在市场经济条件下，生产要素的优化配置和跨区域流动，是一个必然规律。《中国民营经济（浙江）高质量发展指数报告（2022）》显示，浙江民营经济发展实力持续壮大、产业结构持续优化、发展动能持续释放、发展环境持续改善、社会贡献持续提高。

2022年，正泰集团站稳千亿级发展台阶，企业绿色低碳高质量发展不断取得新突破。"疫情三年，很多企业经营承压，而正泰通过深耕绿色能源、智能电气、智慧低碳等产业，每年收益都在增长。"正泰集团党委书记、监事会主席吴炳池告诉记者。在不久前举办的第二届户用光伏创新发展大会上，正泰安能一百万户家庭光伏电站正式投产。据测算，百万户用电站每年能为全社会提供240亿千瓦时绿电，减少二氧化碳排放2400万吨，兼具经济、生态、社会效益。

"让电尽其所能"，深入正泰的点点滴滴。从电气设备，到新能源，到"一云两网"，再到数智化碳中和解决方案，正泰始终围绕"电"字谋发展，深度融入全球能源产业链，构建了"发电、储电、输电、变电、配电、售电、用电"全产业链一体化发展新生态。

民营经济持续发展，离不开营商环境的优化提升。"从招商引资的签约、公司的注册，到项目拿地、设计开工建设，再到后期的设备安装调试和投产，开发区对招引进来落地的企业，会提供一站式的跟踪服务，为企业解决在项目推进过程中遇到的难点堵点问题。"桐乡经济开发区管委会副主任赵弘毅说，"等项目投产之后，我们还会一如既往跟踪，对已经投产的企业，会加强联系，了解企业在生产过程中的需求，如招工、人才、资金等，让企业可以在这里安心地落地生根发展"。

中国经济之韧性活力，浓缩在民营经济发展中。观察经济高质量发展，民企是扇窗。游颖敏感慨："我们来到乐清这块热土后，感觉自己也在创业，民营企业无处不在的乐观、拼搏、奋斗精神，深深感染着我。"民企创新奋斗的故事还在之江大地不断续写，我们从中也感受到了经济的暖意、信心和力量。

一个不变 三个转变

卓勇良 浙江清华长三角研究院新经济发展研究中心

民营经济崛起是改革开放最重要的一个故事。近10来年的出口数字是这一判断的最佳注脚。2010年至2022年，全国出口从1.58万亿美元增加到3.59万亿美元，新增加的2.01万亿美元中，1.7万亿美元即84.6%，系民企创造。

当前，推进民营经济创新发展要坚持"一个不变"，着眼"三个转变"。

一个不变，即精神不变。改革开放初期，浙江一大批企业不管外界风吹浪打，咬定青山不放松。当前需要进一步传承弘扬这一精神，任尔东西南北风，全力以赴做企业，奋力拼搏拓市场。

三个转变则包括：第一，目标的转变。在改革开放初期，创办民营企业是个体挣脱贫困束缚，奋力改善自身生存状况的人生积极行为。在当下，壮大民营企业是企业家及有志于创业创新的人们，遵循内心呼唤，创造人生辉煌，服务社会大众的价值追求。第二，内核的转变。从改革开放初期的"运气＋勇气"，到当下的"胆识＋制度"，形成"勇气＋制度"和"知识＋智慧"的新内核。勇气仍需增强，但更需制度规范约束；知识是民营企业的稀缺品，智慧依然重要。第三，路径的转变。要着力品质，"马虎先生"和"这又不要紧的"等均应"下课"；要着力服务，无论是提供物质产品还是提供劳务产品，都要把服务摆在首位；要着力创新，这是前述两方面的支撑，努力提升知识的地位和作用。

这也给各级党委、政府做好经济工作提出了更高要求。这里关键是工在诗外、工利其器和工心为要。第一个"工"是着眼长远，努力营造整体发展环境；第二个"工"是着眼具体工作，如建设好各种发展平台等；第三个"工"是着眼于增强公务人员积极性，抓心攻心，力创民营经济新发展。

长三角一体化
地区交流与合作

进一步发挥浙江的区位优势，主动接轨上海、积极参与长江三角洲地区合作与交流，不断提高对内对外开放水平。

——"八八战略"

经济持续发展
- 占全国 24%
- GDP 29万亿元

开放水平提升
- 占全国 35.8%
- 进出口额 15.1万亿元

协同创新步伐加快
区域协同创新指数
- 2021年 247.11分
- 2011年 100分
- 年均增速 9.47%

公共服务日益便利
- 10个城市实现"一码通行"，累计异地乘车近1500万人次
- 门诊费用异地结算覆盖41个城市超1.5万家医疗机构，累计结算约1300万人次
- "一网通办"应用于140项政务服务事项或场景，37类高频电子证照实现共享互认

产业集群优势凸显
- 占全国 60%以上
- 集成电路营收 超7200亿元
- 产业规模占全国1/3
- 人工智能企业 超2000家

互联互通加速流动
- 约占全国 16%
- 高铁营业总里程 超6700公里
- 约占全国 18%
- 旅客吞吐量 约9500万人次

制图：潘泓璇（数据来源：《2023年长三角创新驱动力指数报告》《长三角年鉴》等，数据截至2022年）

扫描二维码
登录潮新闻客户端
看视频

长三角一体化的理论溯源与实践探索

权衡 上海社会科学院

2003年，时任浙江省委书记习近平同志提出"进一步发挥八个方面的优势、推进八个方面的举措"，即"八八战略"。在"八八战略"中，习近平同志提出"进一步发挥浙江的区位优势，主动接轨上海、积极参与长江三角洲地区合作与交流，不断提高对内对外开放水平"。这一重要思想和观点，不仅对加快培育区域一体化合作新优势具有重大指导意义，也对长三角一体化发展国家战略的形成具有重大前瞻意义。

区域协调发展的原创性观点

在浙江工作期间，习近平同志将推动长三角地区交流合作列为"八八战略"的重要内容，当时是为了推动浙江发展以及浙江参与长三角区域经济合作，也深刻体现了习近平同志关于大国区域经济如何协调发展的远见卓识和战略眼光，蕴含着许多原创性的贡献。

一是体现了区域一体化协调发展与大国经济高质量发展的内在逻

辑。从浙江经济发展的视角，提出积极参与长江三角洲地区合作与交流，这一构想涉及区域一体化发展、区域协调发展与大国经济高质量发展的内在关系的重大战略命题。中国是一个大国，大国经济的特点之一就是区域经济发展不平衡，区域发展的板块型特征、行政区划特征等明显，不同区域既有经济发展的优势、特色和长板，也有经济发展的差异、特点和短板，不同区域经济之间还受到行政区划和类属关系的深刻影响。正是因为有这样的实际情况，所以需要通过区域发展的合作、协调和交流，把各自的长板拉长、优势凸显，把各自的短板补齐，甚至形成新的增长极。通过不同区域之间加强合作与交流，推动各种生产要素跨行政地区、跨部门和行业实现自由流动，使得不同地区之间优势互补，形成一体化发展新优势，这正是中国经济高质量发展的潜力、韧性和活力所在。

2018年，习近平总书记宣布支持长江三角洲区域一体化发展并将其上升为国家战略。客观上说，在国际环境不确定性因素增多的背景下，长三角一体化发展战略实施五年来，长三角区域经济发展为全国稳增长发挥了"压舱石"作用。2018年至2022年，三省一市地区生产总值年均增速约为5.5%，高于同期全国平均增速5.2%，占全国GDP的比重基本保持在24%，呈稳定发展态势；GDP过万亿的城市从6个增加到8个，占全国"万亿城市"总数的1/3。长三角一体化发展，既强调发挥上海作为中心城市的辐射带动作用，又强调江浙皖发挥各自所长，通过长三角地区更高质量一体化协同发展，打造中国式现代化发展的强劲活跃增长极，这正是中国大国经济高质量发展的内在优势和现实逻辑。因此，"八八战略"所蕴含的区域协调发展思想，对大国区域经济发展理论和实践创新作出了原创性贡献。

二是指出了区域一体化发展与对内对外开放的内在逻辑和现实路径。大国经济高质量发展，内在要求之一就是推动各类市场尤其是生产要素市场体系和标准、管理、规则等方面实现对接，促进各类区域性市场形成能够公平竞争、有效统一的全国大市场。因此，区域经济合作发展乃至区域一体化发展的核心就是推动市场一体化，以市场一体化带动产业、科技等一体化发展。这就必然要求区域之间相互开放，实现对内开放发展。另外，大国经济更需要积极参与国际大循环，发挥国际市场、技术要素等对国内发展的积极促进作用，这也是对外开放的重要意义所在。长三角地区在国家全方位开放格局中的战略地位举足轻重，正在积极发展成为我国高水平开放的高地和制度性开放的重要试验田。2018 年以来，三省一市进出口总额增长了 4.01 万亿元，年均增速为 6.38%；占全国进出口总额的比重始终保持在 36% 左右。2022 年，长三角外贸规模创下新高，进出口额达 15.1 万亿元，同比增长 7%。长三角一体化，其实质是对内开放和对外开放，现实路径就是不断提高对内对外开放水平。"八八战略"所蕴含的"不断提高对内对外开放水平"的战略思想，对于今天构建以国内大循环为主体、国内国际双循环相互促进的新发展格局具有实践指导意义。

三是蕴含制度创新引领区域一体化高质量发展的前瞻性探索和先行先试。大国区域一体化发展，不同区域之间实现协同协调发展，关键需要探索如何在不影响行政区划的前提下，打破各种有形无形的行政壁垒，实现市场、产业、科技、交通等各方面的一体化合作与协调发展。这就必然涉及区域一体化发展中的市场与政府的关系问题，必然涉及区域一体化发展的制度创新和体制机制改革等内容。正因如此，2003 年 3 月，在沪浙两省市经济社会发展情况交流会上，时任浙江省委书记习近平同志指出，进一步完善合作机制，在沪苏浙三省市经济合作与发展座谈会制度的基础上，建议建立沪苏浙三省市党政主要领导定期会晤机制，以及相关的专项议事制度，定期举办"长江三角洲经济一体化发展论坛"。这也就是后来建立的长三角主要领导人座谈会制度。应该说，在这些思想和实践的基础上，长三角地区近年来不断深化制度创新，形成了三级运作、统分结合的长三角区域合作机制；

长三角地区探索组建了长三角区域合作办公室，加强政府之间的协调与合作；同时，注重促进市县层面机构改革，成立长三角区域合作专门机构等。因此，在"八八战略"指引下，早期探索的体制机制创新举措以及目前正在推进的长三角高质量一体化的一系列制度创新实践，为促进长三角更高质量一体化发展注入新的动力和活力，为中国大国区域经济协调发展探索如何进行更深层次的制度创新提供了先行先试的重要经验，也为探索区域经济发展如何发挥市场在资源配置中的决定性作用，更好发挥政府作用等理论和实践作出了原创性贡献。

"一极三区一高地"的实现路径

新时代，中国迈入全面建设社会主义现代化国家的新阶段。进入新发展阶段，坚持新发展理念，构建新发展格局，实现高质量发展，成为新时代中国发展的新逻辑。党的二十大报告明确指出，高质量发展是全面建设社会主义现代化国家的首要任务。站在新起点上，长三角区域合作与发展要在国家"新发展阶段、新发展理念、新发展格局"和"高质量发展"的大逻辑中，体现新作为、展现新气象。2019 年，中共中央、国务院印发《长江三角洲区域一体化发展规划纲要》，对长三角一体化发展的战略定位概括为"一极三区一高地"："一极"即全国发展强劲活跃增长极；"三区"即全国高质量发展样板区、率先基本实现现代化引领区、区域一体化发展示范区；"一高地"即新时代改革开放新高地。

习近平总书记强调，要深刻认识长三角区域在国家经济社会发展中的地位和作用，结合长三角一体化发展面临的新形势新要求，坚持目标导向、问题导向相统一，紧扣一体化和高质量两个关键词抓好重点工作，真抓实干、埋头苦干，推动长三角一体化发展不断取得成效。长三角地区如何在中国式现代化建设和高质量发展中发挥好示范引领作用，是一个十分迫切和重大的战略问题。全面推动长三角一体化发展要从以下四个方面着力。

一是聚焦高效率高效益发展，全面提升长三角区域全要素生产率，率先实现高质量发展。经济增长的源泉从根本上说依靠全要素生产率，包括劳动生产率、技术进步效率和资源配置效率。长三角地区高质量发展，加快提升全要素生产率，既可以实现经济增长质的有效提升，又可以保持量的合理增长。为此，需要不断提升劳动生产率，加快技术创新，发挥市场机制在区域一体化发展中的决定性作用，更好发挥政府作用。

二是加快实现长三角协同协调发展，全面提升长三角区域城乡协调、产业协调、区域协调发展水平，以区域内的结构性改革提升区域发展的系统性、整体性和协同性。长三角地区经济发展整体水平高、发展基础好，具有显著的改革开放和高质量发展优势，但也存在区域性的城乡融合发展问题、产业结构协同发展问题、经济与社会协调发展问题等。因此，要促进城乡融合发展、产业一体化发展、区域协调发展等一体化发展，以更高质量一体化赋能长三角打造全国高质量发展样板区、率先基本实现现代化引领区。

三是加快建设长三角地区科技创新共同体，为长三角区域一体化高质量发展提供新动能。科技创新是驱动高质量发展的内在动力。长三角区域要从科技创新共同体、责任利益共同体的角度，加快产业链、创新链、资金链、人才链四链融合与布局发展，充分发挥三省一市在创新要素方面优势互补，实现合作共赢。要发挥龙头城市和中心城市的带动作用，培育城市群对要素资源的集聚和辐射功能，在相互开放合作中构建创新生态，形成创新网络，培育创新动能。

四是加快实现长三角地区绿色发展，率先在实现人与自然和谐共生方面为中国式现代化建设先行探路。绿色发展是长三角的优势和底色，如何加快实现绿色发展和可持续发展、强化资源环境的保护和治理是长三角地区一体化发展的重大课题。多年来，在"八八战略"的引领下，长三角区域坚持"绿水青山就是金山银山"理念，协同推进太湖流域的水环境综合治理，坚持共抓大保护、不搞大开发，在长江船舶和港口污染治理等方面取得了显著成效。下一步，要在深化长三角生态绿色一体化发展示范区建设以及相关的体制机制创新等方面进一步加大改革力度，在绿色发展和实现人与自然和谐共生方面争当先锋。

　　总之，要深刻把握"八八战略"所蕴含的大国区域经济协调发展思想及其在省域层面和地方发展中的实践经验，坚持聚焦一体化和高质量，加快推动长三角一体化发展国家战略深入实施，以高质量发展这个首要任务为引领，推动长三角更高质量一体化，加快把长三角打造成为全国发展强劲活跃的增长极、全国高质量发展的样板区、率先基本实现现代化的引领区、区域一体化发展的示范区以及新时代改革开放的新高地。

嘉善祥符荡科创绿谷是《长三角生态绿色一体化发展示
范区总体方案》重点打造的创新组团之一。图为嘉善祥
符荡科创绿谷（沈海铭 摄）

按下"加速键" 融入长三角

肖国强 顾雨婷 曹力、宋依依（共享联盟·嘉善）

占地面积不到全国 4% 的长江三角洲，在中国乃至世界经济版图中却有着重要的地位、承载着特别的期待。

2003 年，时任浙江省委书记习近平同志在"八八战略"中指出，进一步发挥浙江的区位优势，主动接轨上海、积极参与长江三角洲地区合作与交流，不断提高对内对外开放水平。

20 年来，在"八八战略"的指引下，历届省委、省政府一张蓝图绘到底，与上海、江苏和安徽"四手联弹"，推动长三角区域合作不断升温。尤其是 2018 年 11 月习近平总书记宣布支持长江三角洲区域一体化发展上升为国家战略以来，浙江以更积极、更主动的姿态按下"加速键"，全省域全方位融入长三角一体化高质量发展。

澎湃创新"源动力"

"在长三角落户的企业家是很幸福的。"在 2023 年第五届长三角一体化发展高层论坛上，比亚迪股份有限公司董事长兼总裁王传福这样分享自己的切身感受，引发许多共鸣。

王传福所说的"幸福"，主要是长三角新能源汽车产业链集群优势明显，聚集了大批高校、科研院所和高新技术企业，有着让人羡慕的市场体量和消费力。

这样的幸福，浙江中铝汽车轻量化科技有限公司董事长赵平新也深有体会。中铝集团和吉利合作开发了国产第一款 TX5 全铝白车身，2018 年在杭州富阳成立"浙江中铝"，2020 年正式投产以来，销售收入连续 3 年每年翻一番。

"创新是引领发展的第一动力。"赵平新说。中铝集团联合上海交大、浙大、吉利、中科院宁波材料所等开展科技攻关，解决了铝应用关键技术难题。"浙江中铝"作为中铝集团汽车轻量化产业平台，可提供绿色铝材从研发到量产供货的最佳性价比整体解决方案，而长三角作为国内最大的新能源汽车产业集聚地，具有完备的上下游产业链，为公司的创新产品提供了一个需求旺盛的大市场。

借长三角一体化东风，共建科技创新"共同体"。近年来，浙江与上海、江苏、安徽通力合作，共建长三角国家技术创新中心、G60 科创走廊，联合实施关键核心技术攻关，启动首批人工智能、集成电路15 个联合攻关项目；联合开展长三角产业链补链固链强链行动，全省约 2/3 的关键核心技术（产品）断链断供风险点在长三角地区实现备份；牵头组建长三角国家科技成果转移转化示范区联盟，2022 年三省一市相互间技术合同输出 2.5 万余项，浙江与沪苏皖技术交易额达 858 亿元；牵头共建数字长三角，建设国家数字经济创新发展试验区……这一系列大手笔，为浙江高质量发展注入了不竭的原动力。

深耕改革"试验田"

穿上红马甲，骑上自行车，早上七点多，嘉善县姚庄银水庙村老党员李云才与上海青浦区金泽镇龚都村村民孙四林共同开启了巡河模式。每周一次绕着太浦河及长白荡水源地周边5平方公里区域巡查2个多小时，已成了他们共同的习惯。

像这样跨域水体的联防联治机制，在长三角生态绿色一体化发展示范区里已成常态，并已列入示范区制度创新成果清单。作为长三角一体化高质量发展国家战略的先手棋和突破口，示范区由上海青浦、江苏吴江、浙江嘉善三地构成。其建设目的是要在不改变行政区划的前提下，打破行政藩篱，率先探索"一体化制度"，走出一条跨行政区域共建共享、生态文明与经济社会发展相得益彰的新路径，为整个长三角乃至全国区域高质量发展提供可复制、可推广的经验。嘉善县委常委、常务副县长楼向辉介绍，作为制度创新的"试验田"，示范区目前已累计推出一体化制度创新成果112项，涉及规划管理、生态保护、要素流动、公共服务等多个方面，其中38项面向全国复制推广。

惟改革者进。在长三角一体化发展进程中，浙江一步一个脚印，深化改革、扩大开放，与两省一市携手共进：积极推动长三角自贸试验区联动发展，共同开展长三角区域性"一带一路"综合服务平台建设试点，与上海签署深化小洋山区域合作开发框架协议，基本建成长三角期现一体化油气交易市场……由此释放出的空间红利、制度红利、市场红利，为浙江乃至长三角注入了澎湃的新动能。

画好民生"幸福圈"

长三角地区"跨省通办"究竟有多大用处？杭州市民金女士切身体会到了其中的便利。

金女士告诉记者，前不久，她和家人去上海旅游，家里老人不小心摔倒骨折，被送往当地医院手术。办理入院手续时，她在手机上登录"浙里办"App，两三分钟就办好了医保关系的跨省转移，"不用自己垫钱,不用杭州上海来回奔波办理报销手续,出院当天 2 万多元医药费当场就报销了"。

对"长三角人"来说,这样的便利还有很多。2020 年 8 月,习近平总书记在扎实推进长三角一体化发展座谈会上,提出了"促进基本公共服务便利共享""要多谋民生之利、多解民生之忧,在一体化发展中补齐民生短板"等要求。牢记殷殷嘱托,浙江不断加快推动区域公共服务便利共享,画好民生"幸福圈"。

跨省共享拉近心理距离。在政务服务、医疗卫生、文旅服务等领域,推进"医保关系转移接续""跨省户口迁移"等 152 个高频事项实现长三角地区"跨省通办",累计办件 677 万;牵头推动长三角超 1800 个文旅场所实现居民服务"一卡通";合力推进跨省域养老,为应对人口老龄化提供"长三角方案"。

基础建设消除空间距离。把交通设施互联互通摆在重要位置,加快建设轨道上的长三角。如今,杭州与上海、南京、合肥之间基本实现高频次"1 小时交通圈",通苏嘉甬、如通苏湖、沪苏嘉等一批轨道项目开工,商合杭、杭黄、杭绍台高铁等一批重大项目建成通车,累计开通 29 条跨省毗邻公交线路,居民跨省出行更便捷。

有人说,长三角很大,大到能创造出全国近 1/4 的经济总量;也有人说,长三角很小,从 24 小时包邮区,到"1 小时至 3 小时生活圈",长三角越来越像一座城,"长三角人"越来越像一家人。这"大"与"小"之间,或许就是对长三角一体化的最好注脚。

正确理解三对关系

杨向东　浙江清华长三角研究院

　　近年来，沪苏浙皖三省一市紧密携手、协同发力，一体化发展的美好蓝图不断化为生动现实。

　　经济压舱石日益坚实。三省一市 GDP 从 2018 年的 22.1 万亿元增至 2022 年的 29 万亿元，以 4% 的国土面积，贡献了全国约 1/4 的经济总量。发展动力源活力迸发，沪苏浙皖一手推动传统产业迈向中高端，一手大力培育战略性新兴产业，区域协同创新指数从 2011 年的 100 分（基期）增长至 2021 年的 247.11 分，年均增速达 9.47%。改革试验田成果丰硕。半小时生活圈、1 小时通勤圈、24 小时包邮圈，一体化的生活方式有赖于多层面的制度突破，比如政务服务"一网通办"，科技创新券"通用通兑"，户口迁移、公积金转移、异地就医"一地认证、异地可办"。

　　积极推动并主动融入长三角一体化，要正确理解三对关系。

　　一是一体化和高质量的关系。如果一体化是"形"，那么高质量就是"核"。三省一市有责任率先完成技术引进向自主创新的高质量跨越转型，要充分发挥新型创新载体的支撑作用，争取在"卡脖子"领域取得重大突破，赢得发展的主动权。

二是合作和竞争的关系。"一体化"不代表"同质化"。生产要素会因时因地自由流动和组合。浙江民营经济发达，但土地、能源方面的制约较多，要坚持"有所为有所不为"，注重产业链的优劣互补，从"控制产业链"向"控制价值链"转变。

三是点和面的关系。当前很多改革是在长三角生态绿色一体化发展示范区先行先试的，但示范区面积不到整个长三角的 1%，未来这些制度成果是否可以推广，在什么样的条件下推广，需要作整体评估，使之真正起到示范引领作用。

6

先进制造业
从块状经济到特色产业集群

进一步发挥浙江的块状特色产业优势，加快先进制造业基地建设，走新型工业化道路。

—— "八八战略"

浙江省高新技术产业增加值及占规上工业比重

制图：陈仰东（数据来源：浙江省经信厅）

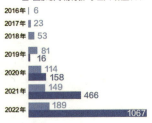

扫描二维码
登录潮新闻客户端
看视频

浙江制造转型升级的实践路径

郭占恒　浙江省经济信息中心智库

制造业是国民经济的主体，是立国之本、兴国之器、强国之基。"八八战略"前瞻性地作出"进一步发挥浙江的块状特色产业优势，加快先进制造业基地建设，走新型工业化道路"的重大决策部署，引领浙江以脱胎换骨的勇气，以"腾笼换鸟"的思路，以"凤凰涅槃""浴火重生"的精神，率先摆脱对粗放型增长方式的依赖，大力提高自主创新能力，以信息化带动工业化，变制造为创造，变贴牌为创牌，实现产业和企业的脱胎换骨，推动浙江由简单模仿转向引进消化吸收再创新，由传统块状特色产业转向现代产业集群，由国内先进制造转向全球先进制造，为浙江在高质量发展中奋力推进中国特色社会主义共同富裕先行和省域现代化先行打下坚实的基础。

战略指引

新中国成立尤其是改革开放以来，浙江开创了以民营企业为主体，以块状产业为特色，以县城、乡镇为主战场，以简单模仿、引进消化吸收再创新为技术源，以参与国内外市场大循环为导向的发展模式。进入新世纪，浙江原有的发展模式遇到"成长的烦恼"和一系列瓶颈制约。在这"爬坡过坎"、转型升级的历史关头，2002 年 12 月 28 日，习近平同志在金华调研时指出，从浙江来讲，走新型工业化道路，重点就是要抓制造业，根据国际产业的转移与发展趋势，打造先进制造业基地。随后，对加快先进制造业基地建设，走新型工业化道路进行一系列专题调研和前瞻性部署。

建设先进制造业基地，要把握"先进"二字。2003 年 6 月 24 日，习近平同志在浙江省工业大会上明确指出，建设先进制造业基地，关键是把握"先进"二字。随后，他结合浙江实际，阐述了"先进"二字的四个体现：体现在坚持以信息化带动工业化，以工业化促进信息化，加快建设"数字浙江"；体现在坚持依靠科技进步和创新，大力发展高新技术产业，加快发展重化工业和装备制造业，同时不断改造提升传统产业，努力实现产业高度化；体现在坚持可持续发展道路，用循环经济和生态经济的理论来指导工业发展，实现工业化和资源、环境、生态的协调发展；体现在坚持把人才作为第一资源，着力提高劳动者素质，充分发挥人力资源优势。这四个体现，从信息化、科技创新、可持续发展、人才和劳动者素质等多个维度，全面解答了建设先进制造业基地的内涵要求。

建设先进制造业基地，要坚持"五个必须"的工作思路。2003 年 7 月 10 日，在浙江省委十一届四次全会上，习近平同志全面阐述了建设先进制造业基地的工作思路，提出了"五个必须"的要求：必须保持特色，进一步把浙江省块状特色产业做大做强，充分发挥产业集聚所产生的竞争优势；必须接轨国际的制造业，要充分利用国际国内两种资源、两个市场，适应国际产业结构调整的新变化，跟上国际制造业发展的新趋势，参与国际产业分工；必须充分体现先进性特点，突出技术创新，坚持以信息化带动工业化，既要努力提升传统产业的"先进"

程度，不断强化原有的产业优势，又要大力发展高新技术产业、临港重化工产业和装备制造业，努力构筑新的竞争优势；必须有选择地实行重点突破，切实防止低水平的重复建设，防止产业同构化；必须是可持续发展的制造业，要实现工业化和资源、环境、生态的协调发展。

建设先进制造业基地，要"适度发展沿海临港重化工业，努力培育发展装备制造业"。习近平同志在大量调查研究后果断提出："积极发展沿海临港重化工业，努力培育发展装备制造业，全面提升浙江产业发展的层次和水平。"这一重大决策突破了浙江的发展局限，推动了浙江产业结构的高度化发展，为今天浙江成为全国重要的造船、汽车、装备、石化等行业的制造大省，赢得了先机。

建设先进制造业基地，要推进"腾笼换鸟"，实现"凤凰涅槃"。"腾笼换鸟、凤凰涅槃"，是习近平同志对推进经济结构调整和发展方式转变的生动比喻，反映了产业高度化发展的客观趋势和必然选择。总的要求是拿出壮士断腕的勇气，摆脱对粗放型增长的依赖，实现产业和企业的浴火重生、脱胎换骨，为浙江的产业高度化腾出发展空间，培育和引进吃得少、产蛋多、飞得高的"俊鸟"。

实践探索

20 年来，浙江按照"八八战略"提出的"加快先进制造业基地建设"的决策部署，大胆探索，先行先试，持续发力，久久为功。

持续制定规划政策，引导制造业转型升级。2003 年，浙江召开改革开放后第一次全省工业大会，对建设先进制造业基地作出全面部署，随后制定出台《浙江省先进制造业基地建设规划纲要》，并提出着力构建环杭州湾、温台沿海、金衢丽高速公路沿线三大产业带。2004 年，在绍兴召开浙江省先进制造业基地建设工作现场会。2005 年，举办先进制造技术合作与交流大会，搭建高层次科技创新合作大平台。2007

年，出台《关于加快发展装备制造业的若干意见》，率先开展装备制造业首台（套）产品培育认定工作。2009 年，浙江省经济工作会议提出推进大平台大产业大项目大企业建设。2012 年，作出建设工业强省的重大战略决策，发布《浙江工业强省建设"十二五"规划》。2013 年，推出以"四换三名"、培育八大万亿产业为核心的工业转型升级组合拳。2014 年，实施"两化"深度融合国家示范区建设，提出加快建设信息经济大省。2015 年，实施《中国制造 2025 浙江行动纲要》，统筹推进制造强省建设。2017 年，在全国率先提出实施"十万企业上云行动"。2017 年到 2020 年，连续召开浙江省传统制造业改造提升推进会等，不断夯实先进制造业基地建设。

持续推动"三强一制造"，打响"浙江制造"品牌。2013 年，浙江把标准、质量、品牌、制造等统筹谋划，协同推进，作出建设标准强省、质量强省、品牌强省，打造"品字标浙江制造"品牌的"三强一制造"重大决策部署。2016 年，浙江省政府制定下发《浙江省标准强省质量强省品牌强省建设"十三五"规划》，统筹推进标准强省、质量强省、品牌强省建设，打造"品字标"区域公共品牌。随后又出台《浙江省质量提升三年行动计划（2017—2019 年）》《关于开展质量提升行动的实施意见》，召开全省质量大会，全力推进标准强省、质量强省、品牌强省和"浙江制造"建设，开展浙江制造"百网万品"拓市场专项行动等，大大提升了"浙江制造"的市场份额和影响力。

持续推动首台（套）培育认定和推广应用力度，提升高端装备制造水平。2007 年，率先开展装备制造业首台（套）产品认定；2010 年，率先实施对首台（套）产品的激励政策；2013 年，率先开展首台（套）产品风险补偿试点；2014 年，率先建立首台（套）重大技术装备保险补偿机制；2017 年，率先从招投标、政府采购等方面加快推广应用；2019 年，率先出台首台（套）产品政府首购制度。2021 年，浙江又在全国率先探索构建了"产业大脑＋未来工厂"基本形态。浙江产业数字化指数连续多年位居全国第一；5 项国际首台（套）拥有行业话语权，115 项全国首台（套）填补国内空白；浙江 2021 年新增"世界 500 强"企业、单项冠军企业、专精特新"小巨人"企业、国家绿色工厂、国家服务型制造项目数量均居全国第一。

迭代升级

党的十八大以来，以习近平同志为核心的党中央高度重视和大力推动"中国制造"走向"中国创造"，作出"加快建设制造强国，加快发展先进制造业"的重大部署。党的二十大报告提出："实施产业基础再造工程和重大技术装备攻关工程，支持专精特新企业发展，推动制造业高端化、智能化、绿色化发展。"引领浙江制造业向着全球先进和智能制造迈进。

锚定"全球先进"目标，部署"加快建设全球先进制造业基地"。2020 年，浙江召开全省制造业高质量发展大会，明确提出"加快建设全球先进制造业基地"。随后，浙江省委、省政府作出《关于以新发展理念引领制造业高质量发展的若干意见》《制造强省建设行动计划》《浙江省全球先进制造业基地建设"十四五"规划》等一系列部署，努力打造全球先进制造新支点、全球智能制造践行地、全国创新驱动新典范、全国绿色制造标杆地、全国营商环境最优省，培育若干个行业全球市场占有率高、龙头企业带动作用强、技术装备先进、创新能力强、绿色可持续发展且具有全球影响力的产业集群区。随后，浙江每年召开制造业高质量发展大会，推动制造业向全球先进迈进。

深化智造转型，推进制造业全面转入数字化、网络化、智能化。20 年来，以"数字浙江"建设为引领，大力实施数字经济"一号工程"、数字经济创新提质"一号发展工程"等，以信息化和工业化深度融合为主线，遵循产业发展与转型升级规律，从机器换人到企业上云到工业互联网到"产业大脑 + 未来工厂",梯度推进、层层深化。2022 年,浙江出台以"产业大脑 + 未来工厂"为引领加快推进制造业数字化转型行动方案,加速推进产业数字化转型,创新打造"产业大脑 + 未来工厂",截至 2023 年 6 月累计打造细分行业产业大脑 96 个、未来工厂 52 家、智能工厂(数字化车间)601 家。未来,浙江将推进百亿以上产业集群工业互联网平台、规上工业企业数字化改造、重点细分行业中小企业数字化改造"三个全覆盖",数字技术赋能实体经济加速转型。

以"415X"先进制造业集群为抓手,打造全球智能化产业集群。科学制定《浙江省"415X"先进制造业集群建设行动方案(2023—2027 年)》,紧紧围绕 4 个万亿级世界级先进产业群、15 个千亿级特色产业群、一批百亿级"新星"产业群,以自贸试验区、综合保税区、省级新区、"万亩千亿"新产业平台等为主阵地,突出集群式打造、雁阵式培育、引领型发展、数字化转型、绿色化改造,加快建设具有浙江特色的现代化产业体系,推动制造业高端化、智能化、绿色化、融合化,实现由传统块状特色产业向全球智能化产业集群的迭代升级。

绍兴市越城区滨海新区集成电路产业集群（越城区经信局　供图）

"舍我其谁"的时代答卷

——浙江 20 年来多措并举建设先进制造业基地

潘如龙　周宇晗　金汉青　戚妍尔

2023 年 5 月，浙江省加快建设全球先进制造业基地大会提出，推动制造业高质量发展，加快建设全球先进制造业基地，努力成为全球先进制造新支点、智能制造先行者、创新驱动新典范、绿色发展标杆地。

20 年前，时任浙江省委书记习近平同志发出了"如果我们不成为先进制造业基地，那么舍我其谁呢？"的时代之问，并把"加快先进制造业基地建设"写入引领浙江发展的"八八战略"。20 年来，浙江充分发挥地域优势、紧扣产业变革脉搏，将答卷越写越精彩。

腾出发展空间

发展先进制造业，必然要求不断转变发展方式、优化产业结构，对资源小省浙江而言尤其如此。

早在 21 世纪初，面对资源紧缺、环境污染等"成长中的烦恼"，习近平同志便提出了"腾笼换鸟"和"凤凰涅槃"的"两只鸟论"，指导浙江以壮士断腕的决心淘汰粗放、低端、污染的落后产能，培育和引进吃得少、产蛋多、飞得高的"俊鸟"。多年来，如何将有限的资源用在"刀刃"上，实现产业集约化、高度化发展，成为一道"必答题"。

2017年，绍兴作为浙江省唯一的传统产业改造提升综合改革试点市，全面启动了产业"跨域整合"——将越城区印染、化工企业分别整体搬迁集聚到柯桥区、上虞区。越城区则利用腾挪出来的空间集中培育集成电路产业集群。

"实现'跨域整合'，要突破行政区划和制度壁垒，还要做通区县和企业的思想工作，更要谋划好后续的产业布局。"绍兴经信局副局长俞灵燕说。绍兴市委、市政府一方面加快完善柯桥、上虞的基础设施和配套服务，倒逼化工、印染企业通过腾挪实现数字化、绿色化改造，另一方面千方百计引进中芯、长电等集成电路龙头企业和一系列重大项目落户越城，激发产业的"虹吸效应"。

事实证明，这步棋下对了。2019年5月，建设绍兴国家集成电路产业创新中心被纳入《长江三角洲区域一体化发展规划纲要》。绍兴集成电路产业平台入选浙江省首批"万亩千亿"新产业平台，截至2023年6月已累计引进项目50个，协议投资约917亿元，集聚集成电路相关企业近百家；2022年平台产值达到501.4亿元，有望在未来实现"千亩千亿"。

锻造创新引擎

建设先进制造业基地，关键是把握"先进"二字。要时刻保持"先进"，创新始终是第一动力。近年来，浙江突出两链融合强创新、深化数实融合强动能，持续引育科技型企业，打造产业创新平台，抢占发展"制高点"。

一块高纯多晶硅，经过开方、切片、制绒、丝网印刷、检测分级等多道复杂工序，变成了片厚约0.15毫米的光伏电池片。2022年，围绕这样一枚小小的电池片，义乌光伏规上工业实现了近900亿元的产值，超过全市规上工业产值的一半。

2014年，线上电商的兴起给义乌传统商贸业造成了一定的冲击，推进新型工业化、以贸工联动创造新的增长点摆上了议事日程，而属于战略性新兴产业的智能光伏产业无疑是一块"兵家必争之地"。先是"以商招商"，发动义乌商人回乡创业，再是"基金招商"，如今演变成了"全产业链招商"。

"我们第一时间锁定链主型企业'招大引强'，把产业全球排名前列的6家企业都招引到了经开区。"义乌经济技术开发区负责人说，"它们的加盟为产业发展注入了强心剂，还带动了上下游企业和创新要素自动集聚。"目前，光伏辅材料、配件企业接续入驻，实现了光伏产业上下游全贯通。

企业是科技创新的主体，是产业链创新链深度融合的"耦合器"。梯度培育企业强主体，既要瞄准"世界一流"打造领军企业和链主型企业，也要瞄准"国际先进"培育单项冠军，瞄准"专精特新"提升中小企业。

2020年入选工信部专精特新"小巨人"企业、2021年入选工信部首批专精特新重点"小巨人"企业、2022年入选世界浙商高质量发展领军企业30强（唯一中小企业）……走进坐落于绍兴袍江新区的中科通信设备有限公司，难以想象，这家不大的企业竟拥有一连串闪闪发光的头衔。凭借着自主研发的光芯片、光器件及光模块和调测设备等产品，企业成功攻克了光通信产业链的一些"卡脖子"难题，填补了国内空白。

只要找准发力点，中小企业不仅大有可为，还能成为产业链创新链延链强链补链的生力军。中科通信创始人兼总经理王苗庆介绍道，2024年3月，企业将正式进驻占地面积3.5万多平方米的新园区，预计产能将提高4~5倍。今日之"雏鹰"，何尝不能成为明日之"雄鹰"？

壮大产业集群

当前，打造"415X"先进制造业集群是浙江建设全球先进制造业基地的"关键立柱"。2023 年 2 月，浙江公布了第一批"浙江制造"省级特色产业集群核心区创建名单，绍兴市越城区集成电路产业集群、义乌市智能光伏产业集群等纷纷入选。

一个重大项目，往往能激活产业集群。2020 年，晶澳太阳能"年产 10GW 高效电池 +10GW 高效组件"这一百亿级光伏项目落地义乌。项目签约后，仅用 142 天就建成了业界最大的单体组件智能制造车间，当年实现产值 4 亿元，刷新了行业纪录。

项目和企业纷至沓来，得益于营商环境的吸引力。不靠海、不沿边的义乌，向西通过"义新欧"中欧班列与亚欧大陆互联互通，向东沿着义甬舟开放大通道与货物吞吐量世界第一的宁波舟山港相连，货物进入义乌"第六港区"，即视同进入宁波舟山港，实现了海关"一次申报、一次查验、一次放行"。"这大大降低了光伏板的物流运输成本。"晶澳科技义乌基地常务副总经理杨广伟说。2022 年，义乌晶澳的产值和营收双双突破 200 亿元。

人才是第一资源。作为国家级领军人才，王苗庆现身说法："有时候不是愁资金、愁销路，而是愁没有懂市场需求、懂技术、懂管理的人，愁没有稳定的团队。"为此，中科通信充分运用绍兴"双聘制""揭榜挂帅制"等人才政策，同时探索建立了"专家工作站"，解决关键核心技术攻关问题。

从块状特色产业转向先进制造业集群，是推动制造业高质量发展，建设具有浙江特色的现代化产业体系的必由之路。新的征程上，要坚持把高质量发展作为首要任务，以加快转型升级为主线，推动制造业高端化、智能化、绿色化、融合化。

标本兼治 实战实效

凌云 浙江省智能制造专家委员会

浙江制造业发展走在了全国的前列，但仍存在企业创新能力不足、劳动生产力增长不快、产业层次亟待提升、世界一流领军企业缺乏等问题，必须标本兼治、扬长避短、攻坚克难、实战实效。

一是大力扶持市场主体，增强制造业竞争活力。必须打造好企业发展成长的大环境，维护好国际国内营商环境，稳定发展预期，运用好财政、税收、金融等政策工具，充分发挥市场在资源配置中的决定性作用。大力扶持一批世界一流企业；培育一批国家级制造业单项冠军企业和"专精特新"企业；着力招引一批世界500强企业，让行业龙头企业引领制造业提质增效集群化发展。

二是加快创新驱动，增强制造业发展动力。围绕"415X"先进制造业集群建设，加快产业基础创新，攻克一批产业链供应链"卡脖子"的产业基础创新项目，推动产业基础高级化。力争谋划布局建设若干个国家级制造业创新中心，一批省级制造业创新中心和企业技术中心，以打造高能级创新平台，吸引高素质人才，构建支撑浙江省先进制造业发展的技术创新体系。

三是加快传统优势产业改造，提升制造业绩效。加快推进制造业数字化转型，落实好浙江省产业数字化"三个全覆盖"，加快共享制造等以数字化改造推动制造方式现代化。加快推进传统制造业绿色化改造，研发推广先进节能技术和产品，依法淘汰整治高耗低效企业、低效工业用地，加快园区有机更新，提升园区的容积率和亩均效益，实施"腾笼换鸟、凤凰涅槃"攻坚行动。

四是深化开放合作，促进制造业"双循环"发展。千方百计保住国际市场份额，以高质量产品出口，提升内循环的水平；千方百计通过创新提升国内产业链供应链的水平，增强出口产品在外循环中的国际竞争力；千方百计依托国内超大规模市场优势，提升全球著名企业来浙江省投资意愿，统筹做好对境外制造业企业的招商引资工作，确保浙江省制造业稳定健康高质量发展。

数字浙江

鸣响数字变革的发令枪

进一步发挥浙江的块状特色产业优势,加快先进制造业基地建设,走新型工业化道路。

——"八八战略"

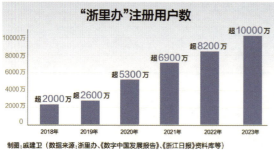

"浙里办"注册用户数

制图:戚建卫（数据来源:浙里办、《数字中国发展报告》、《浙江日报》资料库等）

- 数字经济动能强劲。2022年核心产业增加值达8976.6亿元,占GDP比重11.6%
- 推进整体智治、全域智慧。2021年和2022年,数字化综合发展水平连续两年居全国第一
- 助力构建网络空间命运共同体。2014年,乌镇成为世界互联网大会永久会址;截至2023年,已连续10年举办世界互联网大会乌镇峰会

扫描二维码

登录潮新闻客户端

看视频

数字中国战略的浙江溯源与实践

陈畴镛　杭州电子科技大学浙江省信息化发展研究院

2023 年初，中共中央、国务院印发《数字中国建设整体布局规划》，明确了数字中国建设的指导思想、目标任务和整体框架。建设数字中国是数字时代推进中国式现代化的重要引擎。习近平同志在浙江工作期间，前瞻性擘画实施了数字浙江建设，并将其纳入"八八战略"重要内容。20 年来，浙江坚持一张蓝图绘到底，持续推进数字浙江建设取得显著成效，为奋力谱写中国式现代化浙江新篇章提供了强劲动力，也为数字中国建设提供了先行探索和示范。

浙江是数字中国战略的重要萌发地

习近平总书记关于数字中国的重要擘画，在很多方面都能从数字浙江建设的部署中找到根据。

从谋划推进数字浙江到建设数字中国的战略思维一以贯之。2003年，时任浙江省委书记习近平同志就以非凡的战略视野在"八八战略"总体框架内对数字浙江的建设目标、主要任务、重点领域、组织实施进行了系统谋划和部署，引领浙江率先抓住了数字时代打造发展优势的战略机遇。2015 年，习近平总书记在浙江乌镇召开的第二届世界互联网大会开幕式主旨演讲中，首次提出"数字中国"这一概念。习近平总书记高度重视数字中国建设，在党和国家事业全局中对数字中国建设的战略目标、原则要求、方法路径进行前瞻性思考、全局性谋划、战略性布局和协同性推进，一以贯之地体现了卓越的战略思维和系统观念。

从以信息化带动工业化到信息化驱动引领现代化的发展导向一以贯之。2003 年，习近平同志指出，数字浙江是全面推进浙江省国民经济和社会信息化、以信息化带动工业化的基础性工程。在习近平同志的谋划下，《数字浙江建设规划纲要（2003—2007 年）》同年出台，明确数字浙江的建设核心是以信息化带动与提升浙江工业现代化，发挥信息技术在现代化建设中的推动作用。2020 年，习近平总书记到浙江考察，为浙江数字经济发展把脉定向，强调要抓住产业数字化、数字产业化赋予的机遇，加快 5G 网络、数据中心等新型基础设施建设，抓紧布局数字经济、生命健康、新材料等战略性新兴产业、未来产业，大力推进科技创新，着力壮大新增长点、形成发展新动能。2023 年，习近平总书记进一步对浙江提出"深化国家数字经济创新发展试验区建设，打造一批具有国际竞争力的战略性新兴产业集群和数字产业集群"的要求，从而为数字浙江建设提供了根本遵循，也对数字中国建设提出新任务。

从加强互联网利用管理到推动治理体系与治理能力现代化的治理理念一以贯之。在浙江工作期间，习近平同志就高度重视加强互联网等新兴媒体的管理，高度重视运用信息化手段推进政务公开、党务公开，高度重视加强网络基础设施建设和信息资源共享利用，在全国率先推进电子政务建设。党的十八大以来，习近平总书记高度重视运用数字前沿技术推动政府治理手段、模式和理念创新。2020 年，习近平总书记在浙江考察时明确指出，"运用大数据、云计算、区块链、人工智能等前沿技术推动城市管理手段、管理模式、管理理念创新，从数字化到智能化再到智慧化，让城市更聪明一些、更智慧一些，是推动城市治理体系和治理能力现代化的必由之路，前景广阔"。这为推进国家治理体系和治理能力现代化指明了方向。

从畅通网络民意到把增进人民福祉作为信息化发展的出发点和落脚点的价值宗旨一以贯之。习近平同志在浙江工作时指出，进一步利用互联网构建了解民情民意的网络平台。党的十八大以来，习近平总书记反复强调"让人民群众在信息化发展中有更多获得感、幸福感、安全感"。对于浙江乌镇连续召开的 10 届世界互联网大会，习近平主席或亲自出席，或视频致辞，或发来贺信。这些讲话、贺信始终贯穿着一个理念主张——构建网络空间命运共同体，体现了发挥互联网和数字化在走和平发展道路、造福世界各国人民方面重要作用的意愿和决心。

浙江是数字中国战略的率先实践地

20 年来，浙江以数字浙江建设推进经济社会高质量发展，2021 年和 2022 年数字化综合发展水平均位居全国 31 个省（自治区、直辖市）第一名。

数字经济成为高质量发展的关键力量和突出优势。浙江在全国率先作出大力发展信息经济的决策部署，成为"两化"深度融合国家示范区和国家信息经济示范区，入选首批国家数字经济创新发展试验区。2022 年，浙江数字经济规模接近 4 万亿元，占 GDP 比重达 50.6%。其中核心产业增加值达 8977 亿元，产业数字化指数连续 3 年位居全国第一。2023 年，浙江省委提出以更大力度推进数字经济创新提质"一号发展工程"，加快建设数字经济高质量发展强省，数字经济在现代化产业体系建设中的作用更为凸显。

　　数字政府建设推动省域治理现代化领跑全国。浙江在率先推进电子政务建设基础上，加快推进机关效能建设、"四张清单一张网"、"最多跑一次"改革、政府数字化转型、数字化改革、营商环境优化提升"一号改革工程"等。数字技术广泛应用于政府管理服务，建立健全大数据辅助科学决策和社会治理的机制，推进政府管理和社会治理模式创新。以整体智治、高效协同的理念对传统部门分散、割裂的机制与流程进行整合优化，构建整体高效的政府运行体系、优质便捷的普惠服务体系、公平公正的执法监管体系，通过打造"掌上办事之省""掌上办公之省""掌上治理之省"，群众和企业办事平均减材料 67.2%、减时间 66.3%，实现"智办秒办""一键直达"，让政府服务更有效，让社会治理更精准。

　　数字社会建设成为不断满足人民对美好生活向往的重要途径。20年来，浙江坚持人民至上、满足群众期盼的价值取向，在全国率先推出"互联网＋公共服务"，开展"民呼我为"等一系列便民服务应用程序，构建覆盖全省的民生网、服务网、平安网。以数字赋能推动缩小"三大差距"，开辟了"扩中提低"新路径，创造了"一老一小"新生活，构建了公共服务新范式，滋养了精神文明新风尚，提升了除险保安新能力，塑造了城乡社区新形态。以理论引领、舆论引导、文化惠民、文旅融合、文明培育为主要内容的数字文化建设，有力地推动了物质文明与精神文明协调发展。

　　数字生态持续优化为统筹发展与安全提供坚实支撑。浙江着力打造"云上浙江""数据强省"，加快推进 5G、数据中心、工业互联网建设与产业化规模化应用，省一体化智能化公共数据平台的公共数据共享需求满足率达 99.5%，夯实数字基础设施和数据资源体系两大基础。不断完善网络安全战略布局，出台多项网络与数据安全相关的地方性法规，打造"浙里网络安全智控"，创新网络安全多跨协同机制。推动以依法治网为标志性成果的网络综合治理体系建设纵深发展，打好多主体协同治理、多手段综合发力的管网治网"组合拳",营造清朗安靖网络空间。着力打造数字领域重大开放平台,通过世界互联网大会、全球数字贸易博览会、联合国世界数据论坛等,在拓展数字领域国际合作空间上发挥了重要作用。

数字浙江对数字中国战略的示范作用

20年来,浙江持续推进数字浙江建设,在勇当网络强国建设的探路者、数字中国建设的排头兵上开展了一系列实践探索,对实施数字中国战略具有示范启示作用。

坚持以信息化驱动引领现代化为战略方向。数字浙江建设决策部署伊始就把"加速实现现代化"作为战略目标,强调发挥信息技术在现代化建设中的战略推动作用,实现社会生产力的跨越式发展。20年来,浙江始终坚持通过数字技术创新、商业模式创新和制度创新,构建和提升数字化生产力。当前,数字经济创新提质"一号发展工程"着眼于增强高质量发展内生动力,着力为"两个先行"提供强劲动能。

坚持以增进人民福祉为出发点和落脚点。数字浙江建设始终坚持以人民为中心、以满足群众期盼为价值取向,以数字化技术和思维打造多领域、多维度、多方面的应用场景,深度开发各类便民应用,不断提升公共服务均等化、普惠化、便捷化水平。在全国率先探索城市大脑建设和应用,以数字化助推"千万工程",加快建设智慧城市、数字乡村、未来社区,探索数字社会新形态。以"基层治理四平台"实现基层大事一网联动、小事一格解决,健全城乡社区治理体系,打造共建共治共享的社会治理格局。

坚持以改革开放和体制机制创新为建设动力。数字浙江建设20年,既是以数字化转型驱动生产生活、生活方式和治理方式变革的历程,也是发挥改革开放优势催生数字化转型动力的有效实践。浙江以有为政府的主动作为，带动有效市场协同发力，率先出台《浙江省数字经济促进条例》《浙江省公共数据条例》等地方性法规，探索构建数字经济新型生产关系，调动市场主体的积极性，形成了政府主导、企业和社会各方积极参与共建共治共享数字浙江的良好局面。

坚持以问题导向和系统观念为方法路径。在数字浙江战略部署提出时，通过实施信息化百亿工程，重点解决信息基础设施和政务系统建设不足的突出问题。在后续推进中，围绕浙江经济社会转型发展中的重大问题、重大需求谋划开发迭代数字化重大应用，统筹推进技术融合、业务融合、数据融合，提升跨层级、跨地域、跨系统、跨部门、跨业务的协同管理和服务水平。着力推动数字应用系统集约建设、互联互通、协同联动，防止低水平重复建设，注重"小切口大场景"，发挥各地各方面积极性，加快形成解决问题的实用实战实效能力。

坚持以加强数字化人才队伍建设为坚强保证。20年来，浙江始终把专业技术人才、企业家、领导干部的数字化素养和能力培养作为数字浙江持续迭代深化的重点举措。浙江积极实施"鲲鹏行动""启明计划"等引才工程，加大高层次数字人才引育，培育首席数据官、卓越工程师等数字技能人才，打造数字经济人才高地。加强数字化干部队伍建设，提高数据辅助决策能力，利用大数据分析研判和应对风险挑战，满足人民群众对政府治理的新期待，数字能力已成为新时代浙江领导干部的必备关键本领和能力属性。

新时代新征程，浙江要以更高站位、更强担当、更大力度推动数字浙江战略擘画，在奋进中国式现代化新征程上打造新的重大成果、彰显新的时代价值。

2023 世界互联网大会"互联网之光"博览会于 2023 年 11 月 7 日至 10 日在浙江乌镇举行。作为具有重要国际影响力的全球数字经济产业合作高端平台，本次博览会集结 580 余家中外知名企业和机构线上线下联动展示新技术新产品。图为互联网之光博览中心（倪雁强　王志杰 摄）

数字浪潮，涌动之江

肖国强　周宇晗　周琳子　袁佳颖

车间没有工人，机器却照常运转；不到现场、仅需填写一次材料就能获取一站式政务服务；用一部手机就能实时观看外卖制作过程……在浙江，数字化场景已全面走进人们的生产生活。

"数字浙江是全面推进我省国民经济和社会信息化、以信息化带动工业化的基础性工程。"2003年，时任浙江省委书记习近平同志敏锐地把握时代风向，全面阐述了"数字浙江"的构想，并将其作为"八八战略"的一项基础性工作加以谋划实施，鸣响了数字浙江建设的发令枪。

20年来，浙江一张蓝图绘到底，持续建设"数字浙江"，不断开辟数字经济新赛道、塑造数字治理新模式、描绘数字生活新图景，一幅风起云涌、千帆竞渡的数字画卷在之江大地尽情铺展。

开辟数字经济新赛道

2023年11月，在杭州举行的第二届全球数字贸易博览会上，来自新华三集团的"百业灵犀"LinSeer大模型夺人眼球。通过与AI助手实时互动，观众可以直观地感受到大模型强大的预训练、推理以及提供场景化解决方案的能力。目前，新华三集团正在数字人、工业设计、城市监管等场景探索"百业灵犀"的应用，助力政府和企业降本增效。

从提供网络基础设施硬件，到全面进军 ICT（信息、通信和技术）领域，再到为用户提供一整套数字化解决方案，新华三集团之所以始终站在产业风口，靠的是 20 年深耕数字经济这条新赛道。"集团每年都会拿出 10%~15% 的营收投入研发，研发人员占比超过 50%。"新华三集团高级专员汪东洁介绍说。随着核心竞争力的不断迭代，新华三集团的总营收从 2003 年的 1.8 亿元增长至 2022 年的 498 亿元，发明专利授权量连续 11 年位居浙江省第一名，成为信息通信领域的龙头企业。

传统制造业在插上"数字化翅膀"后，也焕发出新的生机。在"中国电器之都"乐清市，昔日林立街头、"前店后厂"式的电器企业，近年来聚焦数智化转型，实现了跨越式发展，成长为产值超千亿元的现代化电气产业集群。这也是工信部公布的 45 个国家先进制造业集群中唯一入榜的县域集群。

走进天正电气未来工厂，一字排开的 5 条全自动生产线上，从配料到冲压焊接、组装检验再到包装入库，全程由智能机器人操作，再由智能 AGV 小车（带自主导航功能的机器人）运送，一条生产线 20 多道工序不需要一个人。天正电气副总裁方初富介绍说，通过"未来工厂"项目建设，每条全自动生产线可节省近百名生产员工，公司万元产值运营成本由此降低 19.44%，人均生产效率提高 26.25%，销售收入连年提升。

从习近平同志在浙江工作期间部署的信息化建设基础性工程，到如今的数字经济创新提质"一号发展工程"，数字经济已然成为浙江高质量发展的重要引擎和突出优势。2022 年，浙江数字经济规模接近 4 万亿元，占 GDP 比重达 50.6%；全省数字经济领域上市公司达 133 家、云上企业超过 45 万家。

塑造社会治理新模式

建设数字政府、创新数字治理，这是以习近平同志为核心的党中央着眼于推动国家治理现代化的时代要求、遵循政府治理模式的发展规律、回应公众新需求新期待作出的战略选择。20年来，浙江坚持以政务信息化、政府数字化带动经济社会治理数字化转型，加快构建整体高效的运行管理体系、全域智慧的协同治理体系。

浙江正博智能机械有限公司财务人员赵丽敏至今还记得手机中的这条短信："您的申请公示已结束，请关注后续资金发放。"收到信息后，她立即登录温州惠企政策"直通车"系统查看，发现公司首台（套）项目无须自行申请，有关部门就已完成审核公示，自动进入补贴发放环节。"数字赋能对营商环境的优化提升有着几何级数的助力作用，也从整体上推动了全市经济社会治理的质量变革、效率变革、动力变革。"温州市政府办公室"两个健康"创建处副处长吴海滨说。

在浙江，全球首家互联网法院、全国首个直播电商数字治理平台、全国唯一的"大综合一体化"行政执法改革试点，连同浙警智治、大数据检查监督等一批重大数字化应用，已经融入到省域社会治理的方方面面，全面提升了浙江省数字化治理水平。通过打造"掌上办事之省""掌上办公之省""掌上治理之省"，浙江省群众和企业办事平均减材料67.2%、减时间66.3%，政务服务、办事效率和营商环境已经成为浙江的金名片。

描绘数字生活新图景

"挂哪个科，去哪里做检查，甚至用哪种交通方式更省力，它都能告诉我！"宁波大学附属第一医院微信公众号推出的"云陪诊小助手"，让市民刘女士赞不绝口。

借助人工智能技术，"云陪诊小助手"可以对患者的文字或语音需求进行分析和回应。"这个平台已经覆盖了患者就医的全流程。"医院信息科科长吴斌告诉记者。通过优化就医路径，患者线下就诊平均单次耗时由过去的 49 分钟下降到 28 分钟。

习近平总书记指出，要适应人民期待和需求，加快信息化服务普及，降低应用成本，为老百姓提供用得上、用得起、用得好的信息服务，让亿万人民在共享互联网发展成果上有更多获得感。

20 年来，浙江始终坚持人民至上、满足群众期盼，在全国率先推出"互联网＋公共服务"，上线"浙里办""民呼我为"等便民服务应用，加快打造数字乡村、未来社区、智慧教育、智慧医疗等数字化场景，持续提升基本公共服务均等化、普惠化、便捷化水平。"浙里办"上线 9 周年，注册用户数突破 1 亿，已集成 3638 项"一网通办"政务服务事项、2000 余个便民惠企服务、"出生一件事"等 40 多件部门联办"一件事"。超级平台运行的底层逻辑，是"让数据多跑路，让群众少跑腿"。

一场以数字化为牵引，深入产业生态、治理理念、生活方式的系统性变革浪潮，正成为中国式现代化的亮丽风景。浙江将继续乘风破浪、勇立潮头，奋力打造数字中国示范区、全球数字变革高地，为数字中国建设提供更多的省域样本和智慧方案。

数字浙江的经验启示

魏江 浙江财经大学

数字浙江是数字中国在地方的率先实践。数字浙江建设具有三方面的重要经验。一是顺应趋势、抢抓机遇，主动谋划。数字浙江的提出恰逢互联网在中国快速发展，通过抓住信息技术变革带来的新机遇，浙江极大地推动了产业转型升级。二是市场主导、需求牵引，释放活力。浙江始终坚持以市场为导向，培育了一批数字企业，催生了一批数字技术创新应用，发展了一批数字产业。三是改革引领、包容创新，营造环境。浙江把政府数字化转型作为突破点，重塑政府管理体制、权力运行方式、政务服务体系，通过成立全球首家互联网法院、出台全国首部数字经济地方性法规、打造全国首个直播电商数字治理平台等，为数字经济发展创造优质营商环境。

数字浙江对数字中国建设具有启发意义。首先，系统布局、有机协同。数字经济是基础支撑，数字政府是重要保障，数字社会是重要落脚点，数字中国建设需要高效统筹数字经济、数字政府、数字社会三者的协调发展，建立起"技术－经济"

范式和"社会－制度"范式协同演进的建设思路。其次，挖掘优势、前瞻布局。各区域要充分挖掘自身特色优势，探索符合自身需求的数字化发展路径。再次，擘画蓝图、久久为功。各地要坚持政策的持续性、稳定性，保持"一张蓝图绘到底"的坚强定力和"一把手"抓"一号工程"的坚定魄力，形成上下协同、横向贯通的发展合力。最后，审慎包容、创新治理。数字化转型背后是体制机制的转型，既包括市场环境和营商环境方面的转型，更强调意识观念、法治体系层面的深层次突破。数字治理不仅要应用新方法做事，还要在新领域做新事，因此必须给数字化转型提供包容的发展空间，允许通过制度创新为数字中国建设保驾护航。

共同富裕

协调发展的先行地

进一步发挥浙江的城乡协调发展优势，加快推进城乡一体化。

——"八八战略"

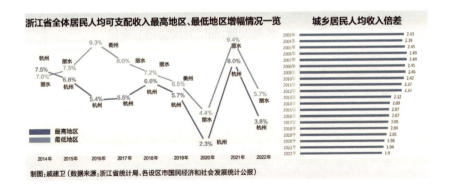

浙江省全体居民人均可支配收入最高地区、最低地区增幅情况一览　　城乡居民人均收入倍差

制图：戚建卫（数据来源：浙江省统计局、各设区市国民经济和社会发展统计公报）

扫描二维码

登录潮新闻客户端

看视频

打造共同富裕的体制机制新优势

胡坚　浙江省人民政府参事室

在我们深入回顾总结实施"八八战略"20周年之际，浙江正在深入推进共同富裕示范区建设。践行"八八战略"与建设共同富裕示范区具有紧密的渊源与联系。"八八战略"为建设共同富裕示范区提供了重要的思想理念与实践路径，"八八战略"实施20周年取得的巨大成就为建设共同富裕示范区奠定了坚实的发展基础，"八八战略"也为建设共同富裕示范区提供了宝贵经验并指明了前进方向。

建设共同富裕示范区，浙江需要进行的工作是大量的。其中一个重要的方面，就是要率先基本建立推动共同富裕的体制机制和政策框架，再造体制机制新优势，努力成为共同富裕改革探索的省域范例。《中共中央　国务院关于支持浙江高质量发展建设共同富裕示范区的意见》在坚持的工作原则中明确提出："坚持改革创新。坚定不移推进改革，推动有利于共同富裕的体制机制不断取得新突破，着力破除制约高质量发展高品质生活的体制机制障碍，强化有利于调动全社会积极性的重大改革开放举措。坚持创新在现代化建设全局中的核心地位，深入实施创新驱动发展战略，率先在推动共同富裕方面实现理论创新、实践创新、制度创新、文化创新。"该意见在战略定位中提出，浙江要成为收入分配制度改革试验区，"坚持按劳分配为主体、多种分配方式并存，着重保护劳动所得，完善要素参与分配政策制度，在不断提高城乡居民收入水平的同时，缩小收入分配差距，率先在优化收入分配格局上取得积极进展"。这些都提出了体制与机制问题。而"八八战略"是把"进一步发挥浙江的体制机制优势"摆在首要位置的，因此，建设共同富裕示范区与忠实践行"八八战略"在改革思路与重点上是完全契合的。

浙江的省域品牌是"诗画江南、活力浙江"。体制机制比较灵活一直是浙江最重要的特点与亮点，浙江最大的发展优势就是体制机制优势。习近平同志在浙江工作期间提出的"八八战略"就把体制机制放在第一条，提出要进一步发挥浙江的体制机制优势，大力推动以公有制为主体的多种所有制经济共同发展，不断完善社会主义市场经济体制。改革开放 40 多年来，浙江一直坚持以改革推进发展。2022 年，全省生产总值 77715 亿元。一个国土面积仅占全国 1.1% 的省，创造了占全国 6.42% 的 GDP，靠的就是体制机制的优势。2022 年，浙江在册市场主体为 943 万户，按 2021 年末全省常住人口计，每 7 个浙江人中就有一个创业者。浙江的确有人人尽展其才、梦想成真的机会。2021 年，全省民营经济创造增加值近 5 万亿元，占 GDP 的 67% 左右，全省税收收入的 73.4% 来自民营经济，民营经济就业人员占比为 87.5%。这些都从不同角度体现了浙江是一个充满活力的地方。

浙江过去的发展靠的是体制机制优势，在建设共同富裕示范区的任务面前，更需要与时俱进打造浙江体制机制新优势。

第一，坚持一张蓝图绘到底，在"八八战略"实施 20 周年之际，仍然要把"进一步发挥浙江的体制机制优势"摆在首要位置。

改革开放以来，浙江在体制机制的改革上一直走在前列。1999 年，浙江在绍兴上虞建起了全国第一家行政审批中心。2004 年，习近平同志在浙江工作期间，在全省推进机关效能建设，提出"四条禁令"，并开展了第三轮全省行政审批制度改革。2014年7月，在全国率先部署责任清单，形成"四张清单一张网"。2016年12月，浙江省委经济工作会议首次提出实施"最多跑一次"改革。2021年2月，浙江省委召开全省数字化改革大会，全面部署浙江数字化改革工作，以数字化改革引领撬动各领域改革，加快推进省域治理体系和治理能力现代化。2022年3月，《浙江省公共数据条例》施行。"最多跑一次"改革和政府数字化转型取得重大突破，浙江成为审批事项最少、管理效率最高、服务质量最优的省份之一。56件个人和企业全生命周期事项实现"一件事"全流程办理，机关事业单位人员职业生涯全周期管理"一件事"改革全面完成。营商环境不断优化，深化"证照分离"改革，企业开办时间压缩至1个工作日，实现一般企业投资项目审批"最多80天"，国际贸易进出口业务全部实行"单一窗口"办理。"八八战略"实施20周年的实践与成就充分说明了发挥体制机制优势、把体制机制的改革摆在第一位是无比正确的。在推进共同富裕示范区建设中，要全面传承这方面的经验与做法，强有力地推进浙江体制机制的改革，与时俱进地完善浙江的体制机制，与时俱进地完善浙江的发展环境。

第二，体制机制改革要坚持"自上而下"顶层设计与"自下而上"基层探索相结合。

在2023年全国两会上，李强总理在答记者问时说道，"坐在办公室碰到的都是问题，深入基层看到的全是办法"。这也是浙江改革的基本经验之一。浙江的很多改革都来自基层，来自群众的创造精神。因此，改革的"顶层设计"绝对不是"办公室设计"，要深入实际调查研究，坚持走群众路线，掌握省情、实情、民情，问计于基层，问计于群众。2023年，中共中央办公厅印发的《关于在全党大兴调查研究的工作方案》指出，当前，我国发展面临新的战略机遇、新的战略任务、新的战略阶段、新的战略要求、新的战略环境。世界百年未有之大变局加速演进，不确定、难预料因素增多，国内改革发展稳定面临不少深层次矛盾躲不开、绕不过，各种风险挑战、困难问题比以往更加严峻复杂，迫切需要通过调查研究把握事物的本质和规律，找到破解难题的办法和路径。我们要按照党中央的部署，全面深入地开展各种形式的调查研究，特别要把握住经济社会发展的主要问题、老百姓关注的热点与难点、基层最集中的呼声与要求，进一步解决好这些问题，推进浙江实现新的发展。"八八战略"是习近平同志在浙江经过大量深入调研后提出的，我们在推进共同富裕示范区建设中，在进一步形成推动共同富裕的体制机制优势中，仍然要坚持这种"自上而下"顶层设计与"自下而上"基层探索相结合的方式，继续发挥基层和群众的创造精神，让人民群众的智慧充分释放。

第三，体制机制改革的重点和关键，就是处理好政府与市场两者的关系。

浙江在实施"八八战略"进程中，在推进体制机制的改革中，都是围绕政府与市场展开的，也就是努力实现有为政府与有效市场的紧密结合。2006年1月，习近平同志在中央电视台经济频道"中国经济大讲堂"演讲时指出："市场化这个概念，关键的是'两只手'，一是政府这只'有形的手'，一是市场这只'无形的手'。完善市场经济体制的改革，还是离不开这'两只手'，即处理好'两只手'之间的关系。"我们在推进共同富裕示范区建设过程中，要继续传承好这个经验，努力把握好政府与市场的关系，政府一定要加强宏观调控与战略谋划，办好自己应该办的事，而把可以让市场解决的问题，不折不扣地放到市场中去，充分调动和发挥人民群众的创造力和创新力，让各种资源充分涌流，让各种活力竞相迸发，真正体现"活力浙江"的无穷魅力。

第四，坚持"问题就是时代的口号"和"用改革开放的思路和办法解决前进中的矛盾问题"。

20年来，浙江在实施"八八战略"，推进体制机制改革中，总是坚持问题导向，把解决重点难点问题作为改革的突破口。党的二十大报告提出，要把握好新时代中国特色社会主义思想的世界观和方法论，坚持好、运用好贯穿其中的立场观点方法。必须坚持问题导向。问题是时代的声音，回答并指导解决问题是理论的根本任务。今天我们所面临问题的复杂程度、解决问题的艰巨程度明显加大，给理论创新提出了全新要求。浙江在实施"八八战略"的实践中形成的一个基本经验就是：机遇从来都是打扮成问题来到你的面前。没有问题就没有机遇，问题越多机遇越多。那么问题是从哪里来的呢？问题是从标准中来的，我们要"抬高标准找问题"。标准不高看起来全是成绩，标准高了问题就出来了。所以，我们在建设共同富裕示范区的过程中，也一定要坚持问题导向，努力抬高浙江发展的标准与要求，特别是要从党的二十大提出的高标准和严要求中，寻找我们工作的差距与短板，发现问题与不足，从而明确今后的努力方向，这样就能开创新的工作局面。

第五，坚持把改革与规范紧密结合起来，不断推进体制机制创新。

在实施"八八战略"创造浙江体制机制优势的过程中，浙江一直把改革与规范紧密地联系起来。习近平同志特别强调，要"避免先改革后规范、先发展后整治的被动局面。要通过法律法规等形式，及时把成功的做法和经验规范起来，在率先规范中再创体制新优势"。在共同富裕示范区建设中形成浙江体制机制新优势，也一定要把改革与规范紧密地结合起来，既注重改革，又要抓紧把各种成功的经验与成熟的方法固定下来，上升为规章制度，通过"改革—规范—再改革—再规范"的方式，不断地推进体制机制的建设，打造最优的体制机制与最有效率的发展环境，实现"两个先行"的奋斗目标。

嘉兴海盐雪水港村（雪水港村 供图）

统筹发展：浙江共同富裕的密码

章忻　王雨红　邬敏　孟琳

2021 年 5 月 20 日，《中共中央　国务院关于支持浙江高质量发展建设共同富裕示范区的意见》正式印发，浙江又一次站在新起点上，承担起为全国实现共同富裕先行探路的历史使命。

富裕、均衡，是浙江建设共同富裕示范区的关键优势。2022 年，浙江城镇和农村居民收入水平分别连续第 22 年和第 38 年荣膺全国各省区第一，城乡居民收入比缩小至 1.90。

骐骥千里，非一日之功。浙江的优势离不开"八八战略"的擘画和实施。统筹城乡发展，推进城乡一体化；统筹区域发展，实施"山海协作工程"；统筹物质文明和精神文明，加快建设文化大省。

久久为功，乘势而上。如今，浙江正沿着"八八战略"擘画的蓝图，将一个个"小目标"变成眼前的发展实景。

让农民的生活越来越好

远山葱茏，流水潺潺……一条玉带般的河流穿行而过，环抱起坐落在嘉兴市海盐县通元镇东南部的村庄——雪水港村。沿河而行，一幅现代农村的美丽画卷映入眼帘。

然而，这里曾经却是另一番景象，村民们一度依赖于传统粗放的开矿卖石谋生。经济效益虽然上去了，村里的环境却越来越差。"当时的雪水港河变成了'黑水河'，放眼望去，都是轰隆隆的矿厂。"雪水港村党总支书记潘利民回忆道。

改变源于17年前的一次调研。2006年1月，时任浙江省委书记的习近平同志来到雪水港村察看村庄整治建设情况，他说，建设新农村应该成为全党全社会的共同认识和共同行动。

这一殷殷嘱托促使雪水港村发生蝶变：关停矿厂、治理污水、农房搬迁……2006年，雪水港村创成了浙江省全面小康建设示范村。腾退掉高污染、高能耗的企业之后，如何让村民不断增收，成为摆在雪水港村面前的新挑战。

雪水港村的融禾现代农业产业园里，回乡创业的新农人舒华伦正在忙碌着。他一边实时关注着大棚里的气温、湿度，一边检查着瓜果蔬菜的生长状态。据舒华伦介绍，在雪水港村，300多名村民在村里的北山北农场、融禾现代农业产业园等处上班。

潘利民告诉记者，为了让村里宜居宜业宜游，雪水港村通过农园致富、品牌致富和产业致富的"富民三招"，打造"共富工坊"，让村民成为共建共享的主体。

村民的口袋越来越鼓。2006年，雪水港村村级集体经济收入为66万元，2022年上涨到396.76万元，人均GDP由8520元上涨到46413元。

雪水港村的致富实践是浙江城乡协调发展的缩影。共同富裕既要有城市的现代化，也要有农业农村现代化。从2003年起，浙江持续深化"千村示范、万村整治"工程，走出了一条以城带乡、城乡融合的一体化发展道路，在发展均衡性、协调性上走在了全国前列。

山海呼应填平发展沟壑

协调发展是扎实推动共同富裕的前提。在浙江，"山""海"之间曾横亘着一条区域发展不平衡不充分的沟壑，这是"七山二水一分田"的独特省情决定的。然而，浙江要推动共同富裕示范区建设，就要辩证地认识这份特殊。

"八八战略"提供了一种全新的视角："进一步发挥浙江的山海资源优势，大力发展海洋经济，推动欠发达地区跨越式发展，努力使海洋经济和欠发达地区的发展成为我省经济新的增长点。"20 余年来，浙江坚定不移沿着"八八战略"指引的路子，持续推进"山海协作"工程，力争填平"山""海"之间的沟壑。

主动奔向"海"的怀抱，共建山海协作园，这是丽水市松阳县借力发展的"先手棋"。2013 年，"松阳-余姚山海协作产业园"正式开建，截至 2023 年 5 月已经引入各类企业 65 家，工业总产值达到 46.77 亿元。

浙江以诺电气有限公司就是其中之一。作为温州乐清的一家本土企业，以诺电气"跋山涉水"选择松阳，既是受到当地政府政策的吸引，也是被挂职干部的诚意所打动。"他们连着 5 次去乐清，当面和我们谈服务、谈政策，诚意满满。"以诺电气有限公司副总经理贾国强说。

山海呼应，协作的力量才能更好地转化为发展的力量。在松阳县发展和改革局党组书记、局长许明标看来，山海协作不仅要引进好项目，更要利用好本地独特的民宿旅游资源，和协作地区展开双向合作。

2018 年，在挂职干部谢雅贞的积极推动下，乡伴树蛙部落项目落地余姚市鹿亭乡中村村，在既没有破坏生态环境也没有占用耕地的前提下，使废弃的老茶厂摇身一变成为休闲俱乐部，让原本沉寂的古村落焕发出新活力，打响了鹿亭民宿的知名度，当年平均入住率达 95%以上。"立足'山'的资源禀赋，我们将进一步发挥在民宿产业、康养产业等方面的优势，强化优势互补。"许明标说。

截至2023年，松阳先后与宁波余姚市、嘉兴经开区、湖州安吉县、湖州南浔区结对，累计开展社会事业等合作项目超500个，到位各类援建资金超亿元。

从输血到造血，松阳打开了山门、城门，实现了借梯登高、借势发力。2022年，松阳全县地区生产总值142.98亿元，比上年增长7.3%，增速位居全省第二。

精神富有看得见摸得着

扎实推动共同富裕，一个重要方面就是要处理好"富口袋"和"富脑袋"的关系，既要家家"仓廪实衣食足"，也要人人"知礼节明荣辱"。

"五一"小长假，德清县禹越镇居民高世婷带着女儿在家门口的"悦读悦享·禹悦书房"泡了5天。就在一年前，禹越镇的居民要想看书，还得去县城或者是邻近的杭州市临平区借。"那时候是真的不方便。"高世婷说，"现在家门口有了这家'共享书房'，就可以通借通还县图书馆馆藏图书和新华书店的书籍。"

打造悦读悦享书房，是德清在全省的一次首创。"要让村民在家门口就享受到高品质的文化服务、高规格的艺术盛宴。"德清县精神富有专班负责人曹利月说。截至2023年，德清已经建成悦读悦享书房60家。除此之外，德清正在探索"文化管家"下沉乡镇（街道）文化站、村（社区）文化礼堂驻点。

如何量化精神文明建设？这是推进精神富有绕不过去的问题。在曹利月看来，打造高质量文化服务体系只是第一步，老百姓的精神修养是否真正得到了提高，还需要一把"标尺"加以衡量。

从2021年开始，德清开始谋划推动精神富有评价标准化，制定发布了全国首个《县域精神富有评价指南》，从理想信念、道德品行、文化生活、社会风尚四个维度，设置一级指标 14 个、二级指标 33 个。在此基础上，德清配套构建《县域精神富有测评体系》，全面反映精神富有指标实现程度，形成促进精神富有的正向牵引力和反向倒逼力。

把虚功做实，德清实践是浙江探索精神富有的缩影。如今，浙江正在加快推进新时代文化工程；未来，在共同富裕的美好蓝图中，人们的精神世界也必然生机盎然。

创新创业助共富

魏江　浙江财经大学

社会创新创业生态系统是扎实推动共同富裕的重要助力，要通过夯实基础设施建设、建立社会创新体系、完善赋能机制来打造。

夯实基础设施建设。一是打造一批高水平的社会创新创业研究机构和产业服务综合体，支持和引导高校、科研机构和各地政府建立社会创新创业研究机构，鼓励大型企业参与产业服务综合体等基础设施建设。二是打造以社会创新创业为核心的产业集群，有针对性地固链强链补链延链，畅通集群协作网络，鼓励功能型服务机构集聚化发展。三是畅通山区交通网、加快山区数字化改革，推进新型城镇化建设。

建立社会创新体系。一是集聚企业主导的新型研发机构和高校科研机构等力量，打破创新要素集聚和裂变的体制机制障碍，为社会创新创业生态提供创新能力供给。二是推进产学研深度融合，鼓励高校和科研机构建立以社会创新创业为导向的技术转移转化机构。三是积极设立以解决重大社会问题为导向的重大科技专项，引导更多创新主体参与。四是把"企业是创新主体"的理念落到实处，加大对科技创新企业的支持力度。

完善赋能机制。一是健全社会创新创业孵化机制，鼓励各类孵化平台建设，拓宽社会创新创业的投融资渠道，加大对社会创新创业的支持力度。二是通过产业引入、资金投入、技术输入等方式，利用科技创新、数字创新优化产业结构，加速农业、服务业等山区特色产业数字化转型。三是为重点群体提供精准的创新创业培训，培养农村创新创业所需的技能型和应用型人才；进一步建立健全农村产业人才认定系统，构建富有竞争力的人才薪酬体系。四是发挥数字经济时代平台型企业的力量，强化其对创业群体的赋能作用。五是充分发挥新闻媒体和社会舆论的作用，打造社会创新创业赛事体系，倡导社会创新创业观念，形成全员参与共同富裕建设的氛围。

9

"千万工程"

乡村振兴的原动力

进一步发挥浙江的城乡协调发展优势，加快推进城乡一体化。

——"八八战略"

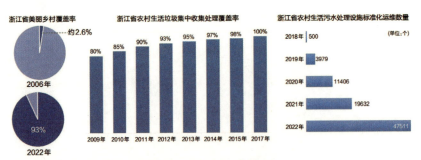

制图：戚建卫（数据来源：浙江省国民经济和社会发展统计公报、浙江省住房和城乡建设厅）

扫描二维码
登录潮新闻客户端
看视频

"千万工程"的伟大成就与经验启示

顾益康　浙江省乡村振兴研究院

"千村示范、万村整治"工程（以下简称"千万工程"）是时任浙江省委书记习近平同志亲自谋划和推动实施的一项创新工程。历届浙江省委、省政府坚持一张蓝图绘到底、一任接着一任干，不断深化"千万工程"。党的十八大以来，习近平总书记站在引领中国"三农"发展的宏观高度，对浙江"千万工程"作出多次批示。中共中央办公厅、国务院办公厅专门发文，要求在全国推广浙江"千万工程"经验做法，并在全国开展农村人居环境整治行动，使浙江这项民生工程转化为推动中国乡村振兴的一项战略工程，为改变整个中国农村面貌，促进中国生态环境建设作出了巨大贡献。这项工程还在 2018 年获得联合国"地球卫士奖"。可以说，"千万工程"历久弥新，具有全国和世界意义，成为一项改写当代中国"三农"历史的伟大工程。

佐证"八八战略"的伟力

"千万工程"是按照"八八战略"的部署提出来的，最能佐证

"八八战略"的巨大创造力和生命力。

"千万工程"开启了建设美丽乡村、美丽中国的新时代。"千万工程"以改善农村生态环境、提高农民生活质量为核心，是得到广大农民群众衷心拥护的民心工程。浙江省委、省政府把人居环境整治与生态环境建设紧密结合起来，把建设美丽乡村作为深入推进"千万工程"新目标的创新经验，以美丽乡村建设行动计划全面提升"千万工程"。浙江美丽乡村建设为党的十八大提出美丽中国建设的宏伟蓝图提供了实践启迪，为全国农村人居环境整治和美丽乡村建设提供先行先试样板，由此开启了美丽乡村、美丽中国建设新纪元。

"千万工程"，是"绿水青山就是金山银山"理念在基层农村的成功实践。2005 年 8 月 15 日，习近平同志到安吉余村调研时，对当时余村关停污染环境的矿山，开始搞生态旅游的做法表示赞许，提出"绿水青山就是金山银山"。而后，在浙江日报《之江新语》专栏的文章中系统阐述了"绿水青山就是金山银山"理念，由此指导"千万工程"向美丽乡村建设深化，进而推动生态省和绿色浙江建设，并逐渐成为指导中国生态文明建设和绿色发展的核心理念。

"千万工程"引发了一个乡村振兴的民族复兴新战略。从一定意义上说，从"千万工程"到美丽中国建设，再到乡村振兴战略实施，是一张蓝图绘到底的与时俱进的接续工程。可以说，浙江的"千万工程"开创了新时代中国乡村振兴之先河。这与当年习近平同志作为浙江省委书记亲自谋划实施这一工程并持续关心支持这一工程不断深化和升华、在党的十八大之后站在全国"三农"发展宏观战略高度继续推动这项工程不断深化密不可分。

"千万工程"构建了一个城乡融合科学聚变的新机制。实施"千万工程"之时，习近平同志就提出要以统筹城乡发展为导向，强调以城带乡、以乡促城、城乡互动的思路，"有效促进城市基础设施向农村延伸、城市公共服务向农村覆盖、城市现代文明向农村辐射"。浙江在深入推进工程实施中牢牢把握这一原则和方向，使"千万工程"成为统筹城乡发展，缩小城乡差距，推动城乡一体化发展的龙头工程。

"千万工程"创出了一条农村农民共同富裕的新路径。"千万工程"和美丽乡村建设持续推进，使越来越多农民意识到美丽乡村建设是通向共同富裕美好生活的康庄大道。越来越多的美丽乡村把建设与经营结合起来，经营美丽乡村、发展美丽经济、共享幸福生活成为新风景。"千万工程"和美丽乡村建设增强了村民利益共同体的意识。依靠共同奋斗建设美丽富饶的共富乡村是深化新时代"千万工程"的新方向。

领悟"三农"工作的真谛

对"千万工程"成功推进的实践经验的总结，最重要的是要领悟和掌握习近平同志抓"三农"工作的经验真谛，并用以指导新时代"三农"工作。

坚持执政为民重"三农"，把改善农村人居环境的美丽乡村建设作为缩小城乡差距的主抓手。"千万工程"改变了以往政府只管城市建设、城市公共服务，不管农村建设和公共服务的状况，把建设生态宜居的美丽乡村，城乡一体化的基础设施、公共服务作为"三农"工作重点，放到党和政府工作重中之重的位置。这使浙江"千万工程"成为中国社会主义新农村建设的最成功范例。

坚持以人为本谋"三农"，把农民群众对美好生活的追求作为"三农"工作的奋斗目标。"千万工程"改变了"三农"工作主要抓生产发展的旧习惯，把建设生态宜居的美丽乡村，让广大农民过上富裕幸福生活作为"三农"工作的出发点和落脚点，使"千万工程"成为造福亿万农民的民生工程。"千万工程"的实施贯穿了增进农民根本利益，尊重农民权利的"以人为本谋'三农'"的理念，极大地调动了广大群众参与的主动性积极性，确保了"千万工程"深入持久推进。

坚持统筹城乡兴"三农"，构建了"以工促农、以城带乡"新型城乡关系。浙江"千万工程"实施过程中注重以城乡统筹规划来引领城乡一体化建设，强调把"千万工程"作为推进城乡一体化发展的龙头工程来抓，极大地提升了"千万工程"建设水平，也促进了城乡经济社会融合发展。

坚持改革开放促"三农"，与时俱进深化"千万工程"内涵目标。浙江省委、省政府按照"干在实处、走在前列、勇立潮头"的要求，把深化"千万工程"作为全省"三农"改革发展主抓手，把土地制度改革、农村产权制度改革、公共服务制度改革、乡村建设机制改革、政府管理体制改革都融入到"千万工程"推进中，与时俱进地深化和拓展"千万工程"的内涵目标，实现从整治垃圾村到建设生态宜居美丽乡村，再到向未来乡村和共富乡村的迭代升级。

坚持求真务实抓"三农"，做到一把手亲自抓，构建五级书记抓工程建设的强大工作保障体系。习近平同志亲自谋划和实施"千万工程"，并形成了五级书记一起抓"三农"工作，齐心协力推动"千万工程"实施的工作机制，形成了促进"千万工程"持续高质量推进的强大政治组织保障，这也从体制机制上保证了浙江"千万工程"高质量向前推进。

主题教育的好教材

总结提炼和宣传推广"千万工程"成功经验，对于推动学习贯彻习近平新时代中国特色社会主义思想主题教育走深走实，具有重要意义。我们尤其要学习掌握习近平同志在创造性地谋划决策和科学实施持久推动"千万工程"持续深化的历程中所体现的马克思主义哲学思想、世界观和方法论。

通过系统深入的调查研究而作出实施"千万工程"的科学决策。

习近平同志到浙江工作后，在短短118天里，跑遍全省11个市，走访了25个县，在调研和与农民群众的访谈中，形成了把解决农村环境脏乱差问题，消除垃圾村的农村人居环境整治，改善农民生产、生活、生态环境，作为"三农"工作的切入口，形成"千万工程"的整体方案。显而易见，"千万工程"是深入调查研究、了解农情民情之后的科学决策，而不是坐在办公室里"拍脑瓜"的产物。

实施"千万工程"是深厚"三农"情怀的充分表达，是以人民为中心发展思想的充分体现，是对"三农"工作规律性的深刻把握，把执政为民重"三农"的重农理念体现在着力改善农民的生活、生产、生态环境条件上，把实现农民对优美人居环境、美好生活追求作为"三农"工作的根本目标。

创造性地把重中之重的"三农"问题与难中之难的生态环境保护问题整合起来加以解决。"千万工程"既是一个强农美村富民的惠农民生工程，又是一个生态省建设的生态环保工程，通过对"绿水青山就是金山银山"理念的深入理解，广大农民普遍增强了生态环保意识，农村生态环境脏乱差问题得到极大改观。

在顶层设计上以统筹城乡兴"三农"的战略思维，把"千万工程"做成了推进城乡一体化的龙头工程，成为浙江缩小城乡差距，推进城乡融合发展的有效载体和抓手。"千万工程"强调构建以工促农、以城带乡、城乡互促共进共同繁荣的城乡融合聚变新机制，促进城市基础设施向农村延伸，城市公共服务向农村覆盖，城市现代文明向农村辐射，形成了城乡融合发展的全新机制体制。

持之以恒、久久为功，持续关心指导"千万工程"，并与时俱进地拓展"千万工程"内涵外延，促使以农村人居环境整治启始的"千万工程"实现向美丽乡村、美丽中国建设和乡村振兴战略的迭代升级。2005年，习近平同志提出"绿水青山就是金山银山"理念，此后引导"千万工程"向着建设美丽乡村、美丽中国的方向拓展内涵。在党的十九大上，习近平总书记又提出实施乡村振兴战略，并把"产业兴旺、生态宜居、乡风文明、治理有效、生活富裕"作为总要求，由此实现了"千万工程"向美丽中国建设和乡村振兴战略的迭代升级，促使"千万工程"演变成改写当代中国乡村建设历史的一个伟大工程。

亲自制定了政府出钱出物、农民投工投劳、全社会共同参与的"千万工程"投资建设基本原则，历史性地改变了以往城市建设由政府出钱、农村建设要由农民和集体自筹自建的城乡二元的做法，并创造性地提出以县为主体实施单位，每年选择一个干得好的县召开全省"千万工程"现场会推广先进经验，这种竞争机制大大调动了各县（市、区）加大对"千万工程"投入的积极性，形成了你追我赶、力争先进的良好氛围。

强调通过建立由党政各部门共同参与的"千万工程"协调领导小组，让"千万工程"成为多部门协力共建、多方出力的大系统工程，奏响了强农美村富民的大合唱。在这种领导协调机制运作下，交通部门的乡村康庄工程、水利部门的美丽河湖工程、农村安全饮用水工程、林业部门的一村万树工程、宣传部门的农村文化礼堂建设工程、生态环境部门的治污工程等一系列工程使得"千万工程"投入和建设内容不断增加和拓展。

以身作则，把"千万工程"作为一把手工程来抓，形成了五级书记抓"千万工程"的强大的组织保障体系。党政一把手合力抓"千万工程"的政治组织体系具有十分强大的政治动员力，确保各级各部门领导干部能够尽心尽责地投入到这项工程建设中来，从而确保了"千万工程"在人力、物力、财力和精力投入上都得到有效保障，使这项工程能够持久、高质量、高效率推进。

安吉县上墅乡刘家塘村（刘家塘村 供图）

村美人和共富的新画卷

章忻

在浙江很多地方，已经找不到清晰的城乡分界。

车行安吉县上墅乡，窗外是宽阔的公路、连片的住宅区，不知不觉就到达了刘家塘村。这座占地 7.8 平方公里的村庄，坐拥全国 3A 级景区——刘家塘蜗牛谷景区，是"安吉县首批中国美丽乡村精品村""全国生态文化村""全国文明村"……

谁能想到，曾经的刘家塘村只是一个不知名的"落后村"。它的蜕变源于 20 余年前的一项工程——"千万工程"。2003 年 6 月，习近平同志审时度势，高瞻远瞩，作出了实施"千万工程"的重大决策，即从全省选择 1 万个左右的行政村进行全面整治，把其中 1000 个左右的中心村建成全面小康示范村。

20 余年间，"千万工程"润物无声，深刻改变了千千万万个"刘家塘村"——农村人居环境测评持续领跑全国，农村居民人均收入连续多年稳居全国第一。"千万工程"为何有这么大的能量？初夏时节，记者来到刘家塘村，寻找其中的奥秘。

好山好水成致富源泉

刘家塘村的村民们有一个共识：这一方水、一片群山就是他们最宝贵的资源。

然而，这份共识来之不易。21世纪初，刘家塘村靠着开矿、建石灰窑发展了经济。粗放式的开发让不少村民成了"万元户"，可漫天的灰尘、弥漫的灰烟让人白天不敢开窗，雨天不敢出门。

发展经济就一定要破坏环境吗？理想中的乡村生活是什么样的？这些疑问萦绕在刘家塘村村民的心头，也萦绕在省内许多其他农村居民的心头。据浙江省委农办摸排，2002年的浙江仅有4000个村庄环境较好，剩余3万多个村庄环境普遍较差。

这是一种发展现象，也是浙江遭遇的"成长的烦恼"。在浙江工作时，习近平同志常说："如果我们不能尽快改变农村普遍存在的'脏、乱、散、差'的状况，城市发展得越快、搞得越漂亮，城乡的反差就越大。"

"千万工程"应运而生。刘家塘村迎来的第一个变化，就是关掉了煤矿和两处石灰窑。不开矿了，靠什么发展？刘家塘村把好山、好水变成了自己的"致富经"。

2007年，村民刘国平在狮子石水库旁开起了村里第一家农家乐，一干就是16年。这期间他眼看着村里发展休闲产业发展区、公共服务功能区、村落文化景观功能区，狮子石水库蜕变成狮子石休闲景区。

漫步在村里10公里的休闲绿道，常常能在不经意间发现隐藏其中的民宿，每到夏季，这里常常一房难求。在刘家塘村党总支书记褚雪松看来，"千万工程"的实施推动了刘家塘村的转变，但打造美丽乡村是一项系统工程，改善村居环境只是第一步。

从"要我建"到"我想建"

在浙江工作时，习近平同志曾多次强调，农民是"千村示范、万村整治"工程的建设者和受益者，必须充分尊重农民的意愿。在刘家塘村工作了十几年，褚雪松越发能体会到这句话中的力量。

在他看来，整治和建设村庄要激发农民自己的积极性，让农民自主、自觉地参与到村庄的维护和运营中，这样才有长久性、持续性。

"只要涉及公共基础设施建设，村民就不要相关补偿费用。"这是刘家塘村一个不成文的规矩，它起源于多年前的一次尝试。

2014 年，村里打算将位于西面的沙町岛打造成为美丽宜居示范点。"当时村里集体经济能力有限，慎重考虑后，我们想出让老百姓无偿提供土地的办法。"褚雪松回忆道。

起初，村民意见很大。可当褚雪松和村干部带着效果图挨家挨户做思想工作，老党员带头砍掉家门口的竹子后，越来越多的村民加入了这场实践。事实证明，村民虽然牺牲了眼前的利益，却换来了 4 米宽的沥青路从每家每户门前穿过，家家户户旧貌换新颜。

褚雪松觉得，自这件事以后，村民的观念从"要我建"转变到"我想建"，许多事做起来不费劲了。"就像齿轮一样，一环扣一环，我们村依靠村民的觉悟获得了自我进化的力量。"褚雪松说。

城乡互促走进现实

浙江乡村的发展，不止于乡村本身，还为城乡关系的重塑开启了一种新的可能。"必须着眼于推进城乡一体化，按照统筹城乡经济社会发展的要求，率先走出一条以城带乡、以工促农、城乡一体化发展的新路子。"2003 年 9 月，习近平同志在宁波调研"千万工程"工作时，为浙江未来的城乡关系定下了目标。

谈及乡村对城市的贡献，许多人会想到农产品供给，或者乡村旅游。然而在浙江，许多乡村开始承接城市外溢的产业，吸引从城市走出来的优秀人才。从某种程度上来说，乡村已经变成了城市的补充和延伸。

和许多乡村一样，刘家塘村新建了一所创客基地——电商"百人楼"，截至 2023 年 6 月，已经招引了近 60 位创业人才、37 名大学生加入，业态包括电商、文创、演艺等。

打造创客基地，是刘家塘村开启全域乡村经营新模式的一招。美丽乡村建设起来之后，褚雪松开始思考，如何找到从"建设"到"经营"的门道，在承接城市外溢产业和项目的同时，做到共同成长？

安吉的许多乡村面临着这种困惑。2022 年，安吉县发布了《全域乡村经营的实施意见》，用"国资投建 + 民企运营 + 利益链接"的全新机制来经营乡村，以资源、资产入股，农民拿租金、挣薪金、分股金。

刘家塘村乡村运营主理人王杰认为，这种做法最大的好处是让"肥水"流入自家田，招引农旅、文旅、科创等更多业态落地，再通过合理的分配机制，实现双向共赢。

刘家塘村以运营前置的思路，把经营理念贯穿到乡村规划建设全流程。通过成立安吉牧云乡村公司，系统推进文创综合体、匠人街、乡村运营研究院等一批项目实施。同时培育"牧云公社第二空间"运营品牌，以创业人才为核心，构建乡村人才社群，吸引人才下乡、创业返乡，用人才撬动乡村振兴。

未来刘家塘村会是什么样？当时，褚雪松说了一个预定目标："2023年力争带动村集体增收 100 万元以上，经营性资产增值 5000 万元以上。"

我们常说，除了城市之外，我们还有广阔的乡村。这个"广阔"，既是地理意义上的，也是对发展潜力的判断。唯有一个富裕文明、生态宜居的乡村，才能有效承接城市的溢出，弥补城市发展的不足。如今，浙江千千万万的乡村"改头换面"，城乡互促发展的新局面正在形成。

城乡一体化的率先垂范

钱文荣　浙江大学中国农村发展研究院

浙江"千万工程"一直十分重视城乡一体化的推进。习近平同志指出，必须着眼于推进城乡一体化，按照统筹城乡经济社会发展的要求，率先走出一条以城带乡、以工促农、城乡一体化发展的新路子。"千万工程"是加快推进城乡一体化的"龙头工程"，是推动农村全面小康建设的"基础工程"。

浙江"千万工程"扎实推进城市基础设施向农村延伸和辐射。"污水革命"率先全面完成、"垃圾革命"实现全域分类、"厕所革命"实现全面覆盖、美丽乡村形成全域格局。"千万工程"坚持城乡地位平等、错位发展，基于城市游客向往天然、野趣、清新恬静的乡土本色，农村居民向往整洁、便捷、现代文明的都市配套理念，逐步形成城乡互补和一体化发展的空间格局。

浙江"千万工程"坚持改革先行，推进了一系列城乡一体化制度创新。先后建立了全省统一的就业制度、最低生活保障制度、被征地农民社会保障制度、新型农村合作医疗制

度，推动了农村产权制度、土地制度、金融制度、户籍制度
等一系列改革，逐步形成城乡地位平等新局面。

浙江"千万工程"为城乡要素的双向自由流动创造了条件。
工商资本以品牌嫁接、产业延伸等形式与乡村企业联合，丰
厚了农村发展的资金保障；以农创客群体为主的青年下乡返
乡创业，为乡村注入了新活力；乡贤回归带来了项目、资金、
技术等要素。农旅融合、民宿经济、生态工业等乡村产业蓬
勃发展，逐步形成了一二三产业融合发展、城乡产业互补共
生的良好态势。

新阶段新起点。2023年，浙江将实施县城承载能力提升
和深化"千万工程"列入全省"事关全局、牵一发而动全身"
的十项重大工程之一，努力探索出一条具有地方特色和示范
效应的城乡一体化发展道路。

10

科技特派员制度
"三农"工作金钥匙

进一步发挥浙江的城乡协调发展优势，加快推进城乡一体化。

——"八八战略"

数说

浙江科技特派员工作20周年大事记

首批科技派员101名

逐步构建形成"个人+法人+团队"的科技特派员创新服务体系

面向26个省级产业创新服务综合体试点工业团队科技特派员选派工作

 2003年　 2005年　 2008年　2017年　 2019年　 2022年

在全国率先实现"乡乡都有科技特派员"（省市县三级）

向全省域、全领域拓展

实现山区26县所有乡镇省级个人科技特派员全覆盖

制图:陈仰东（数据来源:浙江省科技厅）

成绩单

截至2023年，浙江省累计派遣科技特派员3.9万人次，其中省级科技特派员共牵头实施科技项目4700余项，研发新产品5037个，引进培养人才18169人，创建科技示范基地7191个，转化科技成果11979项，实现企业增效45.1亿元，带动区域经济实现跨越式发展。

扫描二维码

登录潮新闻客户端

看视频

科技特派员制度创新的浙江路径

曾业松　中共中央党校（国家行政学院）

2023 年是"八八战略"实施 20 周年，也是浙江推行科技特派员制度20周年。8月24日，浙江召开科技特派员工作20周年总结表彰大会。会议强调要深入学习贯彻习近平总书记给浙江科技特派员代表的重要回信精神，推动科技特派员制度走深走实、示范引领，为浙江坚定不移深入实施"八八战略"，在推进共同富裕和中国式现代化建设中发挥示范引领作用提供有力的科技和人才支撑。

习近平同志在浙江工作期间，把倡导和推行科技特派员制度作为一项重要的战略举措。在习近平同志亲自部署指导下，浙江省干在实处、走在前列，担负起科技特派员制度推广和创新推动者、示范者的重任。20 年来的实践证明，浙江推行科技特派员制度的成就、对科技特派员制度创新的贡献是有目共睹的，其经验也是极为宝贵的。

为推进科技特派员行动树立浙江样板

2003 年初，浙江省委办公厅、省政府办公厅根据时任省委书记习近平同志重要批示，印发《关于向欠发达乡镇派遣科技特派员的通知》，启动了科技扶贫工程。与此同时，成立科技特派员工作领导小组，下设办公室安排专人从事管理工作，建立科技特派员工作联席会议制度，出台扶持政策，下拨项目经费，为推行科技特派员制度作出了战略布局，提供了组织保证和人才、经费等保障。此后，还相继发布《关于建立健全科技特派员工作长效机制的指导意见》《关于试行法人和团队科技特派员制度服务社会主义新农村建设的通知》等文件，进一步推动科技服务、科技创业，拓展科技特派员服务领域，优化科技特派员制度设计和运行方式。科技特派员队伍不断壮大，服务空间不断拓宽，工作内涵不断延伸，运行方式不断丰富，管理机制不断完善，政策措施不断优化，推广成效尤其显著，成为科技特派员制度创新的典范。

从科技特派员工作内容看，不断拓展服务对象、服务目标、服务重点。浙江率先围绕脱贫攻坚，向欠发达乡镇派遣科技特派员。此后，全面推动科技服务、科技创业行动，建立横向到边、纵向到底、上下联动、协同推进的科技服务网络。进入新时代，创新工作思路，形成"1333"工作体系，即聚焦"服务脱贫攻坚、乡村振兴和共同富裕"这一目标，构建"个人、团队和法人科技特派员"3支队伍，完善"1人 +1乡、1团 +1业、1家 +1县"3种服务模式，实现了"服务方式从线下向线上线下结合、服务区域从山区26县向全省域、服务领域从农业向全产业"3个转变。全省累计派出科技特派员3.9万人次，在推动脱贫攻坚、产业振兴、农民增收方面发挥了科技兴农的关键作用。

从科技特派员工作方式看，实行精准选派、精准服务、精准改革的方略。精准选派确保科技特派员队伍质量水准，确保高层次专家服务基层渠道畅通。浙江在县级收集产业发展需求构建科技特派员"需求库"，在省级依据科技特派员需求构建"专家库"。供需双方通过精选优选互选，实现"需求库"和"专家库"有效对接，高级职称人员达 70% 以上。精准服务推动乡村产业高质量发展。个人科技特派员着力发展特色产业,团队科技特派员注重发展新产业新业态培育主导产业,法人科技特派员重点围绕产业链提供一体化科技服务。精准改革全方位推进制度完善。如通过科技特派员数字化平台,推动管理和服务模式迭代升级,不断扩展服务功能,提高服务效益。

为健全科技特派员机制探索浙江经验

浙江在推行科技特派员制度过程中,各级领导高度重视,派出单位全力支持,科技特派员工作出色,基层干部群众高度认同。根本原因在于全面创新完善科技特派员制度,形成一整套长效机制。

一是健全联动机制,发挥政府推动、科技特派员和高校院所、各类企业、农村工作队伍整体互动优势,推动入驻乡镇科技服务组织建设。科技特派员在党组织领导下,与科研院所合作,构建以高校院所为依托,以科技特派员为主体,以农民技术员等乡土人才为基础的农业科技推广网络;与科技副乡镇长、农村工作指导员等下派干部队伍合作,壮大基层科技力量,发挥产业经济的引导、服务和带动作用,共同推进优势特色产业发展。如浙江农林大学斯金平团队在乐清市联合当地企业,推广铁皮石斛种植技术,种植面积从 30 亩发展到 1.5 万亩,年产值达 30 亿元,打造了百亿级特色产业链,为地方经济发展注入了强劲动能。浙江省中医药研究院科技特派员积极对接现代农业企业,与浙江广胜药业有限公司合作成立浙产三叶青大健康产业联合研发中心。浙江三叶青通过仿野生生态种植技术和低温超微粉碎技术,年产值达 3200 余万元,农民人均增收 2 万余元。

二是健全市场机制,发挥市场对科技资源的配置作用,加强科技特派员项目建设。浙江鼓励科技特派员推广新品种、新技术、新产品,发展有较强拉动作用的产业项目,培育新的经济增长点,促进农民增收致富。鼓励科技特派员以技术转让、技术承包、成果作价入股、有偿服务等形式，与农民专业户、龙头企业或专业合作组织结成风险共担、利益共享、互利共赢的经营共同体和利益共同体，形成科技成果转化推广的投入和回报机制，实现科技特派员的自身价值，创造更高的劳动生产率。如在淳安县枫树岭镇下姜村，科技特派员带领农民发展栀子花等中药材和生态旅游等产业，打造了"农家乐、民宿忙、游人如织来下姜"的山水田园新景观。2022年，下姜村接待游客40万人次，旅游收入6565万元，村集体经济收入150多万元，农民人均可支配收入达48818元。

三是健全激励机制，出台科技特派员扶持和奖励政策，强化物质和社会保障。政策规定对科技富民强县、新农村建设示范、科技创新平台建设、区域科技创新服务中心（孵化器）等重大项目优先支持；对乡镇科技特派员安排专项资金，用于项目建设、农民培训、示范推广、下乡补贴、人身保险等，消除科技特派员后顾之忧；对金融机构、工商企业参与科技特派员项目实施给予优惠，促进农业科技成果转化与应用。明确规定科技特派员下派期间行政关系、职务、待遇等保持不变，工资、奖金、福利从优，专业技术职务评聘在同等条件下优先。此外，浙江省委、省政府每五年总结表彰、每两年通报表扬科技特派员先进个人和集体，广泛宣传科技特派员模范事迹和奉献精神，营造了有利于科技特派员制度推广的舆论氛围。

四是健全管理机制，完善制度规范和运行模式，扩大并稳定科技特派员队伍。一方面，根据产业结构调整需要和农民实际需求，设置科技推广项目，通过双向选择选派有工作经验、能够指导农民发展产业、能为乡镇解决实际问题的科技人员，提高科技资源配置的有效性；同时根据学科分类、技术专长、科研方向，精选刚退休或将要退休且本人愿意的高级科技人员、拟提拔使用的科技干部、未经基层锻炼的后备干部和需要到基层锻炼的年轻中层干部等担任科技特派员，鼓励支持连选连派，允许跨县域、跨乡镇开展科技服务。另一方面，根据工作实际完善管理方式。注重驻地对科技特派员的考核管理，分类别分层次制定项目实施、服务指导等量化考评体系。同时抓住派出单位对科技特派员的考核管理，在职权核定、干部交流、提拔使用等方面制定相应措施，鼓励科技人员到农村一线创业。

为完善科技特派员制度提供浙江智慧

回顾总结浙江科技特派员创新发展的历程，可以看到科技特派员为振兴乡村、实现共富作出了重大贡献。20 年来，浙江科技特派员累计实施科技项目 9515 项，引进新品种 19013 个、推广新技术 19658 项，提供技术咨询和技术服务 101.5 万次，推动农民增收 63.53 亿元、企业增效 45.1 亿元。科技特派员重点服务的山区 26 县，2022 年农村居民人均可支配收入 29607 元，较 2015 年增长 85.1%，彰显了科技特派员制度优势和本质特点，也凸显了浙江实践的鲜明特色。

就其本质来说，科技特派员制度核心是科技，前提是"特"，关键是"派"。科技特派员聚焦科技推动产业经济，找到了科技融入产业、高质量发展经济的突破口，形成了适合农村特点的新型科技服务模式，体现了科技特派员制度创新的核心价值。科技特派员有技术和管理特长，有奉献精神和创业热情，享受特殊政策，拥有特殊资源，带着特定项目，和农民、企业形成特定的合作机制与利益关系。各级政府作为重要推手，用科学的领导方式推动制度创新，显示了科技特派员的神奇效应。一个"特"，一个"派"，体现了科技特派员的功能作用和政府的积极有为。

就其特点来看，浙江把政府推动、市场驱动融为一体，形成了市场引导、科技领跑、政府主导、农民主体、风险共担、利益共享的高效机制，这是科技特派员制度活力和生命力的根本所在，也是最鲜明的特色；浙江把政策先行和政策创新、科技政策与产业政策融为一体，实行优惠政策、激励政策和创业扶持政策结合，既为科技特派员行动提供有利条件，也为完善科技特派员制度奠定了坚实基础；浙江把科技推广的公益性和效益性融为一体，推动科技推广服务与科技创新创业结合，促进科技与各种生产要素组合，打破了城乡、地区、行业和部门间的瓶颈和壁垒；浙江把专业化、多元化、社会化各类人才融为一体，推动人才"高位嫁接"与"基层服务"结合、广泛吸引人才与大力培训人才结合，抓住了科技特派员制度"根本在人"的特性，造就了一支高素质、多功能、可持续的科技特派员队伍，为科技特派员制度创新发展提供了人力资源保障。以上这些浙江特色为推动科技特派员制度创新提供了浙江智慧、浙江方案，也为中国特色农业科技现代化服务体系创新提供了有益启示和参考借鉴。

杭州市淳安县枫树岭镇下姜村的林下仿野生种植三叶青基地（白岩 供图）

"科特派"：奔忙在希望的田野上

吴晔　邱建平　陈航（共享联盟·淳安）　朱旭迪

在浙江，有这么一群"派"友，他们有情怀、有能力，更有科技贡献力。20年来，他们身体力行、深入践行科技特派员制度，坚持科技下乡、服务"三农"，不仅为农村导入了最需要的生产要素，也为自己造就了施展才华的广阔天地。他们就是科技特派员，被亲切地称为"科特派"。

科技特派员制度是习近平同志在浙江工作期间亲自倡导、亲自部署的一项重要制度。在习近平同志的关心和推动下，科技特派员制度在浙江率先得到全省域系统广泛深入的实践。广大科技特派员为助力农民增收、促进农业增效、推进乡村振兴作出了独特贡献。

"一亩山万元钱"不是梦

下姜村是梦开始的地方。在习近平同志的关心下，浙江省中药研究所正高级工程师俞旭平，2003年作为浙江省首批第101名科技特派员，被派到淳安县枫树岭镇下姜村，开启了科技扶贫助农梦。

"当年，枫树岭镇是典型的山区欠发达乡镇，人均年收入只有3300元。镇里有种植中药材的传统习惯，但没有形成特色和规模，经济效益不太好。"俞旭平回忆道，"根据枫树岭镇山场面积大的实际情况，我提出了发展木本中药材的思路，重点发展既是常用药材又是天然色素提取原料的栀子。随着全镇中药材产业规模和镇中药材专业合作社的快速发展，到2018年，中药材产业收入占全镇农民人均收入的21.7%，是我下派前的5倍多。枫树岭镇也成了远近闻名的'浙江省中药材之乡'。"

因地制宜、创新思路，帮助当地制定产业发展规划，把先进的农业科技理念带给农民，是广大"科特派"的看家本领。自2021年担任淳安县大下姜乡村振兴联合体的科技特派员以来，浙江农林大学中药学专业负责人白岩就带领团队，结合大下姜区域条件和产业特征，实现道地药材全产业链聚力发展。"我们结合林下经济的发展战略，把一些喜阴药材配置到山林里，比如在林下种植三叶青、重楼、黄精或者菌类药材灵芝，让林农增加收入，实现'一亩山万元钱'的梦想。"

在一批像白岩这样的"科特派"的见证下，2023年7月21日，浙江农林大学和淳安县大下姜乡村振兴联合体签订了新的三年战略合作协议。"我们学校和下姜村的农业产业匹配度非常高，从2020年开始，以科技特派员为纽带服务乡村振兴、赋能'三农'发展，取得了实效。如何在更高层面上提质增效？"浙江农林大学校长沈希带来了新思路，"我们强调一个'新'字：培养新型乡村人才、创新富民新产业、开拓农业产品销售新模式，在农林旅、农文旅、新农合上突出创新性和新颖性，助力大下姜产业提升。"

农业农村现代化关键在科技、在人才。从2005年起，浙江全面推开科技特派员制度，并在全国率先实现"乡乡都有科技特派员"，这一"派"，为农业农村现代化提供了科技赋能和人才支撑。

"不懂市场就是瞎忙乎"

把学问做到田间地头，把论文写在大山深处。2006 年，习近平同志批示强调，要建立长效机制，加强领导，总结经验，及时完善，充分发挥科技特派员在建设社会主义新农村过程中的积极作用。2007 年，浙江省科技厅发布《关于建立健全科技特派员工作长效机制的指导意见》。也是从这一年开始，中国农业科学院茶叶研究所副研究员李强作为第五批省级科技特派员中的一员，扎根丽水市缙云县大源镇龙坑村 17 年，动员当地农民在荒山上种植黄茶，并帮助茶农进行产业转化，开拓市场，使缙云黄茶产业实现从无到优，成为缙云高效益农产品的金名片。

"我本是农家人，深知农家苦。作为科技特派员，我不能带着技术来，捧着技术回。我是科技工作者，我要懂技术；我又是社会活动者，我要懂农民。一名优秀的科技人员，在服务'三农'、实现产业转化时，要注重创新、示范、引领，确保服务的稳定性、持续性和延续性。"李强一直在思考如何用现代农业理念，将小农户与大市场有机衔接，用他的话说是"产业转化很重要，不懂市场就是瞎忙乎"。李强也深知，培养和造就一批有文化、懂技术、会经营的新型农民，才能为科技兴农提供农业科技创新支撑力。

在科技特派员的引导和支持下，缙云乡贤郑国杨返乡创业，成立龙源茶叶公司。"这是我等了十年的人。"李强很感慨。郑国杨没有辜负期待和信任，与李强合作探索出了"小农户 + 专业示范村 + 龙头企业 + 科技示范园"的全产业链发展路径。"依托中国农科院茶叶研究所，在李强研究员、韦康研究员及其团队参与指导下，我们龙源公司通过特殊的栽培和加工工艺将 TGGP（鞣质类物质 1，2，6 - 三没食子酰葡萄糖的简称）含量提高到 1.5% 以上，高 TGGP 黄茶获得了 4 项专利。"郑国杨说。截至 2023 年 8 月，他所在的龙坑村有 312 户农户种植黄茶，总种植面积近 2000 亩，投产茶园平均亩产值 2.1 万元。

"团队就应该干大事"

光单干不够，这是科技特派员们的共识。2008 年，浙江逐步构建形成个人特派员围绕项目、团队特派员围绕产业、法人特派员全面合作的"个人 + 法人 + 团队"的科技特派员创新服务体系。

2019 年，浙江面向 26 个省级产业创新服务综合体试点选派工业团队科技特派员。2022 年，围绕山区 26 县主导产业，浙江在缙云县、仙居县、平阳县试点开展科技特派团，助力"一县一业"特色主导产业高质量发展。

浙江大学智能创新药物研究院副院长何俏军，就是仙居科技特派团专家团长。"科技特派团是科技特派员制度向工业领域拓展的新形式，是以科技支撑山区 26 县'一县一业'高质量发展的制度安排。其顶层设计主要体现在两个方面：一是地方需求很明确，二是专家组建很到位。"何俏军说，"仙居医药产业很强，但都面临转型升级的挑战。经过半年的深入调研，我们提出要发挥龙头企业优势，比如引导和帮助仙琚制药向创新药物转型，车头制药向高端制剂转型，以此为引领，整合力量带动整个产业进入高质量发展轨道。"

从聚焦多方力量，开展组团式服务，在农业领域试点选派团队科技特派员，到面向 3 个山区县试点选派科技特派团，科技特派员的服务范围已从单一的农业产业向全产业、多领域、全区域综合性服务转变，有的办起企业共创新，有的打响品牌促共富，"科技之花"向着培育新产业、新模式、新业态徐徐展开。缙云县科技局相关负责人说："2022年 6 月份，我们县勇夺全省科技工作最高荣誉'科技创新鼎'，2023 年在科技特派团的强劲助力下，相信会再出佳绩。"

希望的田野上生机勃勃。站在新起点、对接新需求、打开新局面，广大"科特派"永远在路上。

『科特派』的三重价值

朱润晔 浙江省绍兴市人民政府

我是浙江省首批科技特派员，2003 年派驻在丽水市青田县小舟山乡开展科技扶贫。在农村、基层多年的经历，让我深切感受到这项制度的重大意义。

科技特派员制度是赋能乡村振兴、实现共同富裕的"助推器"。通过实施科技特派员制度，可以大力引导科技特派员助力乡村振兴，针对乡村产业发展瓶颈，开展精准对接、精准帮扶，加快先进、成熟、适用技术推广应用和集成示范，为乡村和农户提供科技服务，赋能乡村产业发展新动能培育、乡村主导产业及特色优势产业壮大、乡土人才实用技术培训，从而提升乡村产业振兴发展的内生动力，推进共同富裕。

科技特派员制度是连接课堂与田间、理论与实践的"金扁担"。科技特派员制度给农村导入了最需要的生产要素，又为科技人员提供了施展才华的广阔天地。科技特派员一头连着高校院所、一头连着田间地头，把"象牙塔"里研发的技术推向"泥土地"，促进农业产业发展、助推产业升级。

同时，科技特派员在服务"三农"一线中不断增强勤俭、奋斗、创新、奉献的精神，在实践探索中不断提高解决实际问题的能力和水平。这种集人才培养、科技创新、社会服务于一体的创新服务模式，实现了课堂与田间、理论与实践、科研与推广、创新与服务的紧密结合，引导广大科技人员把论文写在大地上，为推动乡村振兴、农业农村现代化贡献力量。

科技特派员制度是密切党群关系、凝聚思想共识的"连心桥"。科技特派员制度融合了老百姓的迫切需求和科技人员的服务意愿，设计了一系列旨在通过重心下沉解决"三农"问题的举措，体现了党委政府、农民群众、科技特派员多方协同推进乡村振兴的优势，是党的群众路线的生动诠释，彰显了"民生优先、服务为先、基层在先"的理念，得到了广大农民群众的普遍拥护。

11

"两山"理念
美丽中国建设的源泉

进一步发挥浙江的生态优势，创建生态省，打造
"绿色浙江"。

——"八八战略"

浙江省生态环境公众满意度

（单位:%）

年份	满意度
2018年	82.85
2019年	84.09
2020年	84.68
2021年	85.81
2022年	86.02

制图:潘泓璇（数据来源:浙江省生态环境状况公报）

2022年,浙江省有森林和野生动物类型自然保护区19个,其中国家级8个、省级11个。野生动物790种,约占全国总数的30%,其中国家一级、二级保护野生动物192种;高等植物6100余种,约占全国总数的17%,其中国家一级、二级重点保护野生植物115种。

扫描二维码
登录潮新闻客户端
看视频

习近平生态文明思想的理论智慧与实践经验

赵建军　中共中央党校（国家行政学院）

党的二十大擘画了以中国式现代化全面推进中华民族伟大复兴的宏伟蓝图，其中人与自然和谐共生的现代化是中国式现代化的内在要求之一。在全国生态环境保护大会上，习近平总书记再次强调，建设美丽中国是全面建设社会主义现代化国家的重要目标，要牢固树立和践行"绿水青山就是金山银山"的理念，把建设美丽中国摆在强国建设、民族复兴的突出位置，加快推进人与自然和谐共生的现代化。

2023 年 8 月 8 日，浙江召开全省生态环境保护大会暨美丽浙江建设推进会，强调要深入学习贯彻习近平生态文明思想和全国生态环境保护大会精神，全面落实浙江省委十五届三次全会精神，在坚定不移深入实施"八八战略"中绘好现代版"富春山居图"，在强力推进创新深化改革攻坚开放提升中打好"生态牌"、走好"绿色路"、绘好"美丽篇"，奋力打造生态文明绿色发展标杆之地，为谱写中国式现代化浙江篇章增添更鲜明、更厚重、更牢靠的生态底色。

2023 年是"八八战略"实施 20 周年，也是生态省建设 20 周年。20 年前，习近平同志在浙江工作期间作出"八八战略"重大决策部署时，就把"进一步发挥浙江的生态优势，创建生态省，打造'绿色浙江'"作为重要内容，奠定了浙江生态文明建设实现高质量发展的总体布局。作为习近平生态文明思想的重要萌发地和率先实践地，20年来，浙江全省上下按照习近平同志指引的方向，一以贯之推进生态文明建设，建成全国首个生态省，实现了从环境整治向美丽浙江的历史性跃迁，走出一条资源节约集约利用、生态环境持续改善、经济结构转型升级、民生福祉显著提高的绿色高质量发展之路。深入探寻习近平生态文明思想在浙江的发展与实践，对于我们进一步把握习近平生态文明思想的科学意蕴，更好地贯彻落实党的二十大、全国生态环境保护大会提出的要求，具有重要的理论与现实意义。

一、建设"绿色浙江"为生态文明建设规划总体布局

2002年6月，浙江省第十一次党代会提出建设"绿色浙江"的目标任务。同年12月，浙江省委十一届二次全会明确提出，积极实施可持续发展战略，以建设生态省为主要载体，努力保持人口、资源、环境与经济社会的协调发展。在习近平同志的大力支持与领导下，浙江在2003年1月成为全国第五个生态省建设试点省份，同年制定出台的《浙江省人民代表大会常务委员会关于建设生态省的决定》《浙江生态省建设规划纲要》等指导全省生态文明建设的纲领性、战略性文件的发布，也标志着浙江生态省建设大幕的拉开。在同年7月举行的浙江省委十一届四次全体（扩大）会议上，习近平同志明确提出"八八战略"，其中的重要内容之一就是"进一步发挥浙江的生态优势，创建生态省，打造'绿色浙江'"。这一系列关于浙江生态文明建设的顶层设计和战略布局，不仅为美丽浙江的高质量发展指明了方向、奠定了基础，也为当前人与自然和谐共生的美丽中国建设提供了重要的价值遵循与实践原则，具有重要的指导与启示意义。

二、提出"两山"理念为生态文明建设提供根本遵循

"绿水青山就是金山银山"是习近平同志于 2005 年 8 月 15 日考察安吉县余村村时提出的关于经济社会发展与生态环境保护辩证统一的科学论断。在 2005 年 8 月 24 日《浙江日报》发表的《绿水青山也是金山银山》一文中，习近平同志分析了绿水青山与金山银山的辩证关系，即绿水青山与金山银山既会产生矛盾，又可辩证统一。2006 年 3 月 23 日，习近平同志在浙江日报《之江新语》专栏撰文说，人们对于绿水青山与金山银山之间关系的认识，经过了三个阶段：第一个阶段是用绿水青山去换金山银山，不考虑或者很少考虑环境的承载能力，一味索取资源；第二个阶段是既要金山银山，也要保住绿水青山，这时候经济发展与资源匮乏、环境恶化之间的矛盾开始凸显出来，人们意识到环境是我们生存发展的根本，要留得青山在，才能有柴烧；第三个阶段是认识到绿水青山可以源源不断地带来金山银山，绿水青山本身就是金山银山，我们种的常青树就是摇钱树，生态优势变成经济优势，形成了一种浑然一体、和谐统一的关系。

习近平同志关于"两山"理念的重要论述充分体现了马克思主义生态观的本质特性，为人与自然由冲突走向和谐指明了发展的方向，为协调好生态环境保护与经济社会发展的辩证统一提供了价值遵循。历史和实践已经证明了"两山"理念的科学性和真理性，2015 年"两山"理念被写进《关于加快推进生态文明建设的意见》和《生态文明体制改革总体方案》等国家文件；2017 年，"两山"理念被写入《中国共产党章程》，成为我党的执政理念之一；2018 年，生态文明被写入宪法，"两山"理念作为原则之一，为新时代推进生态文明建设指明了方向。"两山"理念发源于浙江并逐渐实践于全国，作为习近平生态文明思想的科学内核与核心理论，构成了新时代生态文明建设的指导原则与根

本遵循。

三、树立以人民为中心的生态保护工作价值遵循

以人民为中心，增进人民福祉、满足人民群众的切身利益，始终是习近平同志在地方工作和开展治国理政各项工作的出发点和落脚点。生态利益作为人民利益的重要组成部分，事关人民群众身心健康，必须切实维护。在浙江工作期间，习近平同志高度重视事关人民群众切身利益的生态环境保护工作。2005 年 3 月 1 日，习近平同志在浙江省人口资源环境工作座谈会上指出，我们必须通过生态省建设，让人民群众喝上干净的水，呼吸上清洁的空气，吃上放心的食物。通过做好人口资源环境工作，让大自然休养生息，以更好地为人类服务，否则将遭到自然界的报复。以人为本，其中很重要的一条，就是不能在发展过程中摧毁人自身生存的环境。他当时还说了引人深思的几个反问句："如果人口资源环境出现了严重的偏差，还有谁能够安居乐业？和谐社会又从何谈起？人都难以生存了，其他方面的成绩还有什么意义？"良好的生态环境是最公平的公共产品，也是最普惠的民生福祉。在推进浙江生态文明建设过程中，习近平同志始终坚持人民利益至上的工作作风和价值导向，为我们在新时代继续坚持为人民创造良好生产生活环境，在生态治理与环境保护中满足民众的生态诉求等方面提供了价值遵循和实践原则。

四、把握生态和文明辩证关系的社会发展观与文明史观

2003 年，习近平同志在《求是》杂志发表署名文章《生态兴则文明兴——推进生态建设打造"绿色浙江"》，第一次提出"生态兴则文明兴，生态衰则文明衰"的重要论断，并结合"绿色浙江"战略目标

与生态省建设作了系统论述。这种文明史观的重要阐释和科学论断，不仅体现了习近平同志对于生态环境优劣与文明兴亡关系的深刻把握，也彰显了他对于未来人类前途命运的深入思考。从人类文明兴衰演替的高度论述生态文明及其建设的重要性、必要性和紧迫性，构成了对马克思主义自然观及人与自然关系思想的重大丰富拓展，也逐渐成为引领浙江地区、全国乃至世界生态文明建设的重要指导思想，具有深远的历史意义与现实意义。对于生态和文明辩证关系的把握，体现在良好的生态环境是人类文明存在与发展的基础，也是最根本的生产力。立足于生态文明建设的现实进路和整体目标，应自觉顺应自然规律和资源环境承载能力的约束限制，这是实现人与自然和谐共生的根本前提。

五、推进重大工程、体制机制建设，为实践提供重要抓手

习近平同志在浙江工作期间，对浙江省生态文明建设作出了高瞻远瞩的部署，始终将浙江省生态优势当作区域核心竞争力，让绿色作为浙江省经济、社会、民生等各方面发展的亮丽底色，通过各项重大工程的实施以及有关体制机制的建设为浙江生态文明的实践推进提供了重要抓手。在他的领导下，浙江省实施"千村示范、万村整治"、环境整治"811"工程、循环经济"991"工程等重大工程，同时建立健全符合循环经济发展的市场规则和制度体系、生态补偿机制、生态环境有偿使用制度、领导干部生态政绩考核体制机制等一系列事关生态文明建设的制度体系，为浙江生态环境质量的总体好转、生态经济的持续发展、生态城乡建设的稳步推进等奠定了坚实基础。

浙江省第十四届人民代表大会常务委员会第四次会议通过《浙江省人民代表大会常务委员会关于坚定不移深入实施"八八战略"高水平推进生态文明建设先行示范的决定》，从法治保障的角度，针对生态

环境、生态经济、生态生活、生态制度、生态文化五方面具有引领性意义的重点事项，提出"五个先行示范"要求，即推动生态环境全域提升、生态经济绿色低碳、生态生活共富和美、生态制度系统完备和生态文化繁荣发展先行示范。

　　浙江是习近平生态文明思想的重要萌发地和率先实践地，在这里，习近平生态文明思想逐渐在理论和实践等方面形成了完整的科学体系。习近平生态文明思想的形成在很大程度上就源自他在浙江工作期间一系列生态理念和生态实践的升华，我们在推进生态文明建设方面取得的一系列成就充分彰显了习近平生态文明思想的真理力量与实践意义，昭示着习近平生态文明思想的科学性、真理性、前瞻性与实践性。在中国式现代化的新征程上，习近平生态文明思想所蕴含的宝贵理论智慧与丰富实践经验，将继续成为我们推进美丽中国建设和中国特色社会主义生态文明建设的根本遵循和行动指南。

栖息在宁波市镇海炼化园区内的白鹭（张凌志 摄）

绿水青山，可持续发展的"聚宝盆"

章忻 李华 竺佳

2023 年 8 月 15 日，全国首个生态日主场活动在湖州举办。

18 年前的同一天，时任浙江省委书记习近平同志在安吉余村考察时，提出了"绿水青山就是金山银山"的科学论断。再将镜头拉回到 2003 年 7 月，浙江省委提出"八八战略"，其中一条就是"进一步发挥浙江的生态优势，创建生态省，打造'绿色浙江'"。

在浙江的"成长"历程中，生态文明建设从不曾缺席。从"绿色浙江"到"美丽浙江"，之江大地以"八八战略"为总纲，处处绘就绿色画卷。

保护生物多样性的实践者

翩翩兮"朱鹮"，来泛春塘栖绿树。在湖州市德清县下渚湖湿地，一群群朱鹮时而低空飞舞，时而栖息嬉戏，形成一道流动的亮丽风景线。

2008 年，德清从陕西引进了 5 对朱鹮，并成立珍稀野生动植物繁育研究中心。朱鹮的繁育对生态环境有着极高的要求，然而，当时的下渚湖水质断面一度仅为Ⅳ类。

于是，一场轰轰烈烈的湿地修复拉开了序幕。从2014年开始，下渚湖湿地所在地——下渚湖街道对矿山、生猪养殖场进行了大整治，通过推出"小鱼治水"生态保护、"水下森林"生态修复等措施，使下渚湖湿地水质稳定在Ⅱ至Ⅲ类。

生态环境变好了，朱鹮的繁育慢慢步入正轨。2023年，德清共有92只朱鹮宝宝出生，朱鹮种群总数达761只，德清成为全球最大的朱鹮人工繁育种源基地。

"万物各得其和以生，各得其养以成。"习近平总书记曾用这句话阐明保护生物多样性的重要性，唯有万物和谐共存，地球才能充满生机。

浙江把全省域作为大花园管控，严格实施生态环境空间管控，建立314个省级以上自然保护地。全面实施永久农田集中整治，系统推进八大水系和近岸海域生态修复，85%的濒危野生动植物得到有效保护。

从宁波市区沿着奉化江驱车40多分钟，坐落在四明山东麓的海曙区龙观乡逐渐露出全貌。2022年12月，龙观乡作为全国唯一乡镇级别代表，出席了《生物多样性公约》第十五次缔约方大会（COP15）第二阶段会议。这几年，在全乡人的努力下，龙观乡里越来越多的珍稀动物被发现：白颈长尾雉、中华水韭……

2023年上半年，龙观乡乡贤杨晋良依托自家茶园开办了有关生物多样性的研学课程，接待了2万多名学生。他说："我们要做保护生物多样性的实践者。"

"生物多样性保护是一项系统工程，需要集结全社会的力量。"龙观乡党委书记虞挺说。通过"政府引导、专家指导、企业加盟、群众参与、金融支持"的生态保护模式，截至2023年8月已探明海曙四明山区域维管植物2250种、各类动物310种，带动村民就业1200余人，全乡所有行政村实现年经营性收入超50万元。

从"生态绿"到"发展绿"

绿色发展是顺应自然、促进人与自然和谐共生的发展，也是用最少的资源环境代价获得最大经济社会效益的发展。浙江始终坚持生态优先、绿色发展，治调结合倒逼产业转型，让绿水青山成为可持续发展的"聚宝盆"。

2023年7月末，浙江甬川聚嘉新材料科技有限公司（下称"聚嘉"）收到了一个好消息：在省经济和信息化厅公示的104项省先进（未来）技术创新候选成果中，他们自主研发的LCP薄膜和LCP纤维双双位列其中。从2020年落地宁波镇海区招宝山街道后海塘区域，"聚嘉"见证了此地的"腾笼换鸟"。

2021年3月，招宝山街道关停了最后一批煤炭经营企业，也为引进"金凤凰"腾空约300亩地。近些年来，镇海深入探索减污降碳协同增效的科学模式，一个低能耗、低排放、高效率的现代石化产业循环发展体系正在形成。

产业上的"腾笼换鸟"吸引越来越多的科创平台相继落地：甬江实验室、天津大学浙江研究院……在科创平台和人才赋能的加持下，一批批科研成果从科研院所走向车间、走向市场，成为镇海新的增长极。2023年上半年，镇海完成规上工业总产值1844.2亿元。这座老牌工业重镇摸索出一条以科创为底色的高质量发展道路。

从"生态绿"到"发展绿"，浙江大地上的实践数不胜数：丽水市龙游县协同推进"6+1"领域低碳发展，走出了一条以绿色低碳引领产业高质量发展的道路；嘉兴打造光伏全产业链生态体系，助力构建绿色低碳现代能源体系……在追逐"绿色"这条路上，浙江驰而不息。

制度创新为绿水青山"定价"

在生态文明建设中，制度是一个关键变量，既需要最严格的制度、最严密的法治守护绿水青山，也需要用制度创新为建设美丽浙江提供源源不断的动能。

丽水，一块镶嵌在浙南森林中的璞玉。2006年，习近平同志到丽水调研，在称赞丽水良好生态环境的同时，谆谆告诫当地干部，"绿水青山就是金山银山，对丽水来说尤为如此"，丽水"守住了这方净土，就守住了'金饭碗'"。

2019年，丽水成为生态产品价值实现机制试点市，以GEP（生态系统生产总值）核算为切入点，率先破题绿水青山的可量化工作，形成了一系列生态产品价值核算以及交易制度体系。

近年来，浙江在体制机制上进行了不少创新。2020年，浙江出台实施全国首部省级GEP核算标准。在环境要素市场化交易、绿色低碳转型等方面，浙江也取得了一系列制度成果。

距离丽水市区70公里的云和县雾溪畲族乡，依山傍水，林木葱郁，全乡80%的区域面积为水源地一级、二级保护区。"这片水就是我们最大的财富。"雾溪畲族乡党委委员、副乡长安蔚告诉记者。2020年，全乡的GEP已经达到15.67亿元。雾溪畲族乡依托"两山合作社"，创新生态信用积分体系，推出"两山贷""两山存""两山兑"等金融应用。截至2023年，"两山贷"共完成贷款220余笔共6100万元，年均可为贷款农户带来利率积分优惠130万元。

"点绿成金"，雾溪畲族乡的实践不是个例。丽水构建市县乡村四级GEP核算体系，率先建立GDP核算、双评估、双考核机制等，探索实行与生态产品质量和价值相挂钩的财政奖补机制，省财政近3年累计奖补1.4亿元；淳安厚植生态底色，在开展GEP核算的基础上，创新探索"两山银行"改革试点，把碎片化的生态资源进行规模化收储；湖州在全省率先打造生态资源转化平台体系，打造生态价值转化高地……

人不负青山，青山定不负人。唯有执起"生态"之笔，树牢绿色发展理念、完善制度保障、创新发展模式，才能推动生态文明建设迈上新台阶，勾勒"绿色"新画卷。

既要绿色又要发展

石敏俊　浙江大学城市发展与低碳战略研究中心

在全国生态环境保护大会上，习近平总书记指出，要正确处理高质量发展和高水平保护的关系，通过高水平环境保护，不断塑造发展的新动能、新优势。20年来，浙江在推进绿色发展的过程中，始终坚持既要绿色又要发展的核心要义。

强化生态环境治理。2002年6月，浙江省第十一次党代会提出建设"绿色浙江"的目标任务。同年12月，时任浙江省委书记习近平同志提出，要积极实施可持续发展战略，以建设"绿色浙江"为目标，以建设生态省为主要载体，努力保持人口、资源、环境与经济社会的协调发展。20年来，浙江持续实施重大生态环境治理工程，城乡人居环境得到显著改善。

加快培育发展新动能。浙江提出"腾笼换鸟、凤凰涅槃"。一方面，深化"亩均论英雄"改革，建立工业企业"亩均效益"评价考核体系，实施差别化的电价、水价、排污费、城镇土地使用税以及金融信贷等政策，助力优质企业做大做强，促进低效低质企业有效有序退出。另一方面，以科技创新驱动产业转型升级，以信息化带动工业化，打造先进制造业基地，把块状经济转变为现代产业集群。

积极探索生态产品价值实现机制。2005 年 8 月，习近平同志指出，如果能够把这些生态环境优势转化为生态农业、生态工业、生态旅游等生态经济的优势，那么绿水青山也就变成了金山银山。在"八八战略"的指引下，浙江出台了发展生态产业、生态指标市场化交易、横向生态保护补偿、财政绿色奖补等具体举措，不断拓宽"两山"转化通道。在 2023 年全国县域旅游综合实力百强县榜单中，浙江占 32 席，其中，前十位中浙江就占了 7 席。

12

蓝色新动能

陆海统筹兴海洋

进一步发挥浙江的山海资源优势，大力发展海洋经济，推动欠发达地区跨越式发展，努力使海洋经济和欠发达地区的发展成为我省经济新的增长点。

——"八八战略"

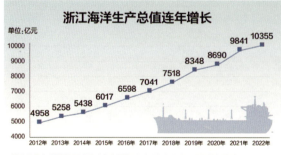

浙江海洋生产总值连年增长

单位：亿元

2012年	4958
2013年	5258
2014年	5438
2015年	6017
2016年	6598
2017年	7041
2018年	7518
2019年	8348
2020年	8690
2021年	9841
2022年	10355

■ 2022年，宁波舟山港年货物吞吐量超12.5亿吨，连续14年位居全球第一

■ 2022年，浙江省海洋高新技术产业增加值1998.32亿元，占涉海工业增加值比重达61.5%

■ 截至2023年9月，累计培育涉海科技领军企业7家、高新技术企业1129家、科技型中小企业2413家

制图：陈仰东（数据来源：浙江省发改委地区与海洋经济处、浙江省自然资源厅）

扫描二维码
登录潮新闻客户端
看视频

海洋经济高质量发展的浙江探索

曹立　中共中央党校（国家行政学院）经济学部

　　海洋是人类生存空间的延伸。21 世纪是海洋的世纪。

　　推进海洋强国建设是习近平总书记念兹在兹的大事。2013 年，习近平总书记在中央政治局第八次集体学习时指出，21 世纪，人类进入了大规模开发利用海洋的时期。海洋在国家经济发展格局和对外开放中的作用更加重要，在维护国家主权、安全、发展利益中的地位更加突出，在国家生态文明建设中的角色更加显著，在国际政治、经济、军事、科技竞争中的战略地位也明显上升。我国既是陆地大国，也是海洋大国，拥有广泛的海洋战略利益。建设海洋强国是中国特色社会主义事业的重要组成部分。2022 年 4 月，习近平总书记在中国海洋大学三亚海洋研究院调研考察时指出，建设海洋强国是实现中华民族伟大复兴的重大战略任务。

　　实际上，早在 2003 年，时任浙江省委书记习近平同志作出"八八战略"决策部署时，就把"大力发展海洋经济"作为重要内容，为在中国式现代化新征程中进一步推动海洋经济高质量发展提供了基本遵循。

陆海资源互补产业互动

海洋经济是陆海一体化经济。海洋经济横跨陆海，涉及海洋各类产业及相关经济活动，涵盖领域十分广泛。加强陆域和海域经济的联动发展，实现陆海之间资源互补、产业互动、布局互联，是海洋经济发展的必然规律。

2003 年，习近平同志在浙江省海洋经济工作会议上指出，发展海洋经济不能就海洋论海洋，就渔业论海洋。海洋的大规模开发，需要强大的陆域经济支持；陆域经济的进一步发展，必须依托于蓝色国土，发挥海洋优势。同时，在全面系统深入阐述浙江发展海洋经济、建设海洋经济强省战略意义和布局基础上，浙江省委制定出台《关于建设海洋经济强省的若干意见》《浙江海洋经济强省建设规划纲要》等政策举措。上述举措的提出，贯穿着强烈的问题意识和鲜明的问题导向，成为运用马克思主义基本原理解决海洋经济区域发展不够平衡、海洋新兴产业规模偏小、海洋创新能力不够等突出矛盾问题的生动实践。近年来，党和国家逐步强化陆海统筹的战略地位，陆海统筹成为建设中国特色海洋强国的核心要义。特别是党的十九大作出"坚持陆海统筹，加快建设海洋强国"的战略部署以来，陆海统筹在体制机制建设、产业、资源、环境和区域协同发展等方面取得重要进展，凸显了海洋在新时代中国特色社会主义事业发展全局中的突出地位和作用。

20 年来，浙江坚持一张蓝图绘到底，深入实施"八八战略"，进一步发挥浙江的山海资源优势，坚持陆海统筹推进海洋经济发展。浙江面向建设海洋强国的战略要求和总体部署，立足浙江陆海资源的互补性、陆海要素的协同性和陆海产业的互补性，促进陆海在空间布局、产业发展、基础设施建设、资源开发、环境保护等方面全方位协同发展，全省海洋经济综合实力和现代化发展水平进一步提升。

当前，浙江在建设海洋强省工作中切实加强统筹协调，加快建设海洋综合实力领先、海洋产业体系完善、海洋科教支撑有力、海洋生态环境优美、陆海资源统筹利用的海洋强省。《浙江省海洋经济发展"十四五"规划》提出：以"一环"引领，即突出环杭州湾海洋科创核心环的引领作用；"一城"驱动，即全力打造海洋中心城市；"四带"支撑，即甬舟温台临港产业带、生态海岸带、金衢丽省内联动带、跨省域腹地拓展带；"多联"融合，即山区与沿海协同高质量发展，构建全省全域陆海统筹发展新格局。并提出了海洋强省的发展目标——到2025年，海洋强省建设深入推进，海洋经济、海洋创新、海洋港口、海洋开放、海洋生态文明等领域建设成效显著，主要指标明显提升，全方位形成参与国际海洋竞争与合作的新优势。至2035年，海洋强省基本建成，海洋综合实力大幅提升，海洋生产总值在2025年基础上再翻一番，全面建成面向全国、引领未来的海洋科技创新策源地，海洋中心城市挺进世界城市体系前列，形成具有重大国际影响力的临港产业集群，建成世界一流强港，对外开放合作水平、海洋资源能源利用水平、海洋海岛生态环境质量国际领先，拥有全球海洋开发合作重要话语权。

新发展格局的重要支撑

党的十八大作出了建设海洋强国的重大部署。党的二十大报告强调发展海洋经济，保护海洋生态环境，加快建设海洋强国。

加快建设海洋强国，必须将推动海洋经济高质量发展作为重要抓手，坚持创新驱动发展，培育壮大特色海洋产业，着力建设完善的现代海洋产业体系。作为我国国民经济的重要支撑，海洋经济以其规模的持续扩大、高度外向型的特征，成为构建"双循环"新发展格局的重要保障。

　　"十二五"时期，浙江连同山东、广东、福建和天津等省市一起，先后被确定为全国海洋经济发展试点地区，为全国海洋经济发展探索路径、提供经验示范。"十三五"期间，浙江基本形成了以建设全球一流海洋港口为引领、以构建现代海洋产业体系为动力、以加强海洋科教和生态文明建设为支撑的海洋经济发展良好格局。"十四五"时期，浙江进一步围绕加快构建"双循环"新发展格局和建设海洋强省制定发展任务，明确发展重点，以科技创新为发展动力，构建现代海洋产业体系，打造绿色可持续海洋生态环境，塑造开放包容海洋合作局面，辐射带动周边地区发展，推进海洋经济向高质量方向发展。

　　作为链接"双循环"的关键节点，自贸区在"双循环"新发展格局的形成中发挥重要作用。当前，我国的沿海自贸区连点成线、连线成面，形成对外开放的前沿地带，全方位发挥了沿海地区对腹地的辐射带动作用，更好地服务了陆海内外联动、东西双向互济的对外开放总体布局。2023年也是浙江自贸试验区挂牌6周年。2017年3月，国务院批复同意《中国（浙江）自由贸易试验区总体方案》，全域集中在舟山市，这也是全国唯一由陆域和海洋锚地组成的自贸试验区。2020年，浙江又成为全国首个明确扩展区域的自贸试验区，新设立宁波、杭州和金义片区，形成了"一区四片"发展格局。浙江自贸试验区以"建设成为东部地区重要海上开放门户示范区、国际大宗商品贸易自由化先导区、具有国际影响力的资源配置基地"为战略定位，通过更高水平的开放，放大自贸区辐射带动作用，深化"一带一路"合作交流，成为"双循环"发展的重要引擎。

增强海洋经济开放能力

　　海洋蕴含无尽宝藏，蓝色经济将为推动全球经济复苏和发展作出重要贡献。2019年4月，习近平主席在青岛集体会见出席中国人民解放军海军成立 70 周年多国海军活动的外方代表团团长时指出，当前，以海洋为载体和纽带的市场、技术、信息、文化等合作日益紧密，中国提出共建 21 世纪海上丝绸之路倡议，就是希望促进海上互联互通和各领域务实合作，推动蓝色经济发展，推动海洋文化交融，共同增进海洋福祉。

在全球海洋治理体系正发生深度变革的背景下，怎样深化"一带一路"海上合作，浙江作为先行者，给出了答案。

共建"一带一路"国际贸易物流圈。深化与东南亚、南亚、中东欧等共建国家合作，合作建设"一带一路"迪拜站，加快形成以共建国家为重点的全球化港口布局。高水平建设宁波"17+1"经贸合作示范区，加强与合作区内国家海洋领域贸易合作。完善宁波舟山港至中北亚、中东欧国家的国际贸易通道，优化海外仓网络布局。创新国际贸易"单一窗口"建设，提升口岸服务水平。推进油气能源产业发展，强化与天然气生产国的合作，推动打造海上 LNG 登陆中心和输送管网。加强国际海洋经济领域研究和技术开发合作。鼓励和引导企业开展国际海洋渔业合作，加强境外远洋保障基地布局和建设。积极参与海上丝绸之路蓝碳计划。

深度参与国际海洋经贸合作。把握区域全面经济伙伴关系协定（RCEP）签署的机遇，进一步推动区域跨境贸易通关便利化、投资政策透明化。支持电子世界贸易平台（eWTP）全球化布局，聚力提升跨境电子商务发展规模。推进港口营运主体有序"走出去"，提高航线全球连通能力和密度。提升对全球航运资源的融合度和影响力，加强与葡语国家等远洋捕捞国际合作，实现经贸合作多赢。

促进海洋经济可持续发展

人类不仅生活在同一个"地球村"，更享有同一片"蔚蓝色"。在发展海洋经济的过程中，要高度重视海洋生态环境保护。2006年9月，习近平同志就加快发展海洋经济问题到舟山进行调研。他强调，发展海洋经济，绝不能以牺牲海洋生态环境为代价，不能走先污染后治理的路子，一定要坚持开发与保护并举的方针，全面促进海洋经济可持续发展。

近年来，浙江以生态优先、绿色高质量发展为引领，把海洋生态环境保护主动融入经济社会发展全过程，科学合理布局沿海生产、生活和生态空间，加快构建绿色低碳的产业体系，推动生产生活方式绿色低碳转型，在优化海洋空间资源保护利用，健全完善陆海污染防治体系，增强海岸带防灾减灾整体智治能力等方面作出了积极的探索。

"绿水青山就是金山银山"，优良的海洋生态环境也可以转化为经济效益。要建立和完善以产业生态化和生态产业化为主体的海洋生态经济体系，努力实现海洋生态产品的价值，大力培育绿色、循环、低碳的海洋新兴产业。未来，可以从以下几个方面发力。

在第一产业领域，大力发展海洋生态农业和海洋生态渔业。要树立大食物观，既向陆地要食物，也向海洋要食物，耕海牧渔，建设海上牧场、"蓝色粮仓"。推动海洋农业和海洋渔业向绿色化、信息化、智能化、现代化的方向发展。

在第二产业领域，大力发展海洋生态工业。要把发展海上风电和海上光电与开发利用海洋石油资源和海洋天然气资源结合起来，与开发利用波浪能、潮汐能等海洋能结合起来，将海洋电力产业培育为新的经济增长点。

在第三产业领域，大力发展海洋生态服务业。以可持续的方式开发和利用海洋旅游资源，大力发展海洋生态娱乐和旅游产业。

宁波舟山港货物吞吐量连续 15 年居全球第一。图为
2023 年 1 月 8 日上午，宁波舟山港梅山港区，多
艘集装箱轮在码头上进行装卸作业，一派繁忙景象
（姚峰　摄）

进一步发展的天地在海上

周宇晗　何伊伲　贺元凯　邵安然

6696 公里的海岸线，自北向南，串联起峡湾、滩涂和岛屿，拥抱一望无垠的大海。这是浙江建设一流海洋强省的底气。

有海，更要懂得亲海、用海。习近平同志在浙江工作期间高度重视开发海洋资源、发展海洋经济，高瞻远瞩地指出，新世纪新阶段浙江经济进一步发展的天地在海上。

如今，浙江以科技创新提升海洋产业附加值、以产业变革激活海洋经济发展新动能、以临港现代服务融入开放新格局，"蓝色经济"蓬勃发展。2022 年，全省实现海洋生产总值 10355 亿元。

科创兴海，带来新机遇

电缆、光缆、液压或化学药剂管等单元，严丝合缝地组成一条脐带缆，可以为水深 1500 米的深远海输送电、石油、天然气等能源。2018 年，凭借首根国产化大长度海洋脐带缆，宁波东方电缆有限公司一举打破国外垄断，成为国内率先实现脐带缆产业化应用的企业。

"创立前期我们主要做陆缆，市场竞争力不够突出，"公司科技管理部主任王丽回忆道，"2005 年前后，我们积极响应国家海洋经济与新能源发展战略，开始研发各类海洋缆。"

思路一变天地宽。转型当年，公司营收增长了 1 个多亿，随后逐年递增，到 2022 年已超过 70 亿元。通过持续加大研发投入、与科研院所开展合作，公司已手握多项专利和"王牌"产品，入选国家企业技术中心和国家制造业单项冠军。

不仅海洋战略性新兴产业成了"兵家必争之地"，传统产业转型也面临着技术创新这道"必答题"。

舟山长宏国际船舶修造有限公司与世界著名航运公司地中海航运签署了一笔 10 艘 10300 箱液化天然气双燃料集装箱船的大单。

凭借对市场需求的敏锐洞察和主动创新，长宏国际及时将主力产品从散货船转向技术含量和附加值更高的集装箱船，加快进军液化气造船领域，研发 LNG、甲醇等清洁环保、低碳排船型。"现在新造船在手订单排到了 2027 年底，总金额达 50 亿美元。"长宏国际造船负责人说。

企业永远是最活跃的创新主体。在浙江，想创业、敢创新、能创造的民营企业，正不断丰富海洋经济的新内涵，将产业链越拓越长。与此同时，沿海各地政府化身"领航员"，不断加强顶层设计和战略支撑。如宁波推出"揭榜挂帅"制度，舟山深化一事一议、驻企服务员等机制，精准解决人才、技术等难题，助力企业扬帆远航。

产业强海，激活新动能

交通不便、靠海吃海、土地资源匮乏的海岛地区，怎样实现高质量发展？舟山用过去 20 年给出了答案。

"要把海洋开发这篇文章做深做大。"在浙江工作期间，习近平同志先后 13 次来到舟山，亲自指导海洋产业发展。多年来，舟山临港工业、港口物流、远洋渔业等产业蓬勃壮大。随着全国首个"离岛型"绿色石化基地的落地，舟山又找到了发展新坐标。

车子驶过鱼山大桥，仿佛进入了一个钢筋铁骨铸就的丛林。大型石油炼化设施高耸入云，金属管道纵横交错，机器轰鸣声低沉有力。

几处细节，值得注意。

一是绿色。这里天蓝海碧、艳阳高照。基地建设初始，就被赋予打造绿色发展标杆的使命，在生产流程上引进国际顶尖工艺设备，在污染物排放上执行国内最严标准。

二是活力。项目主体浙江石油化工有限公司，是国内首个民营控股、国有参股的炼化一体化企业。项目推进中，民营企业灵活高效的机制充分展现，短短 4 年时间，每年 4000 万吨炼化一体化项目全面投产，基地炼化一体化规模跃居国内第一。

三是能级。2022 年，舟山绿色石化基地工业产值达 2314 亿元，占舟山规上工业总产值的 67.8%；乙烯、对二甲苯等重要化石材料生产能力位居全国第一，为保障我国石化产业链供应链安全发挥了重要作用。

产业变革，在更大范围内风生水起。2020 年，国务院批复公布《关于支持中国（浙江）自由贸易试验区油气全产业链开放发展的若干措施》。《浙江省海洋经济发展"十四五"规划》明确要求，形成万亿级以绿色石化为支撑的油气全产业链集群。一时间，油气进口、储运、加工、贸易、服务等企业加速集聚，浙江国际油气交易中心联手上海期货交易所首推保税燃料油"舟山价格"。

截至 2022 年，浙江自贸区油气贸易额达 12866 亿元，宁波舟山港跃居全国油气吞吐量第一大港，舟山港域跻身全球第五大加油港。"不产一滴油"的浙江，蹚出了"无中生油""聚气发展"的新路子。

在浙江自贸区舟山管委会综合信息处处长黄波看来，打造油气全产业链集群还有更深远的意义："在油气贸易上形成绝对优势，能够增强自贸区乃至浙江在国际市场上的话语权和定价权，连带提升对其他大宗商品资源配置能力，同时也是实现人民币国际化的重要手段。"

服务向海，融入新格局

港航服务关乎航运贸易便利度，是港口现代化国际化水平的直观体现。

2015年10月，由宁波航运交易所编制的海上丝路宁波出口集装箱运价指数在波罗的海交易所官网正式发布。2016年5月，宁波航交所发布的海上丝路贸易指数，被列为首届"一带一路"国际合作高峰论坛成果之一。"中国指数"走出国门，折射出国际市场的关注和认可。如今的海上丝路指数包括6项指数，为全球165个国家和地区、40余万用户提供信息参考和咨询服务。

2011年才成立的宁波航交所能成为行业"黑马"，是因为它抓住了"大数据"这把金钥匙。宁波航交所航运大数据中心作为航运物流领域专业性行业大数据综合服务平台，累计获取数据超过18亿条。

同样是数据赋能，舟山江海联运服务中心则将目光延伸到了内陆。

江海联运、水水中转，是长江流域水运的一大特色。舟山江海联运服务中心成立后，舟山与沿江30多个港口城市谋求合作，打通数据壁垒、开辟班轮航线、布局码头泊位。现在，在"江海联运在线"数字化应用上，船东和货主只需一站式填写，即可实现快速审批通关。

2023年4月，舟山江海直达船舶"江海直达16"轮装载着1.14万吨进口粮食，首次挺进内陆湖南港口。以船为媒，长江经济带"朋友圈"更加亲密。

加快产业链强链延链、参与制定国际规则标准、畅通国内国际双循环……向海图强，为浙江融入新发展格局创造了无限可能。

激活『蓝色引擎』

查志强　浙江省社会科学院

海洋经济是助力浙江高质量发展的"蓝色引擎"。建设依海富民、向海图强、人海和谐、开放共赢的海洋强省要从以下几个方面着力。

统筹优化海洋经济空间布局。加强与长江经济带、海上丝绸之路的联动，推进宁波－舟山全球海洋中心城市建设。树立全省域发展海洋经济理念，切实提升海洋经济内陆辐射能力，努力形成"一环"引领、"一城"驱动、"四带"支撑、"多联"融合的全域陆海统筹新格局。

加快构建现代海洋产业体系。增强海洋经济国际合作，推动海洋产业数字化、绿色化融合发展。大力发展现代港航物流服务、现代海洋渔业和滨海文旅休闲等产业，打造世界级油气全产业链和临港先进装备制造业集群。

提升海洋科创平台能级。集聚优势资源培育海洋科技型企业主体，提升海洋产业自主创新能力。强化深海探测、深海开发等领域关键核心技术攻关，加快推进海洋科技成果转化应用，打造深海科技新高地。

推动海洋领域开放改革。依托世界一流强港建设，共推长三角一体化港航协同发展，力争海洋港口服务水平全球一流，深度参与国际海洋经贸合作。探索海洋资源要素市场化配置机制，加大涉海绿色金融产品创新，拓宽海洋领域国际化融资渠道。高度重视涉海领域营商环境优化，鼓励和支持民营经济力量助推海洋经济发展。

改善人海关系促进人海和谐。增强海洋空间资源保护修复，完善健全陆海污染防治体系，为海洋经济可持续发展提供生态本底和环境本底。提高海洋资源有效供给和高效利用能力，高质量建设海上粮仓和海洋牧场，推动海洋资源供给从生产要素向消费要素转变。

13

山海协作
念好新时代的"山海经"

进一步发挥浙江的山海资源优势，大力发展海洋经济，推动欠发达地区跨越式发展，努力使海洋经济和欠发达地区的发展成为我省经济新的增长点。

——"八八战略"

高质量发展持续发力

山区26县地区生产总值 （单位:亿元）

	2002年	2012年	2022年
	850	3605	7404

5.7%
4.8%

2022年人均可支配收入增速

16.4%
9.1%

2022年固定资产投资增速

■ 山区26县　■ 全省

山海协作纵深推进

● 50个经济强县结对帮扶山区26县，累计派出山海协作挂职干部670名，实施山海协作产业项目12503个，到位资金7415亿元

● 推动105个山海协作产业平台建设，创新打造产业、科创、消薄三类"飞地"。26个"产业飞地"全部实质性启动建设，14个"科创飞地"孵化项目超过300个，38个"消薄飞地"带动3000余个经济薄弱村增收致富

制图:潘泓骏（数据来源:浙江省发展改革委、浙江省统计局）

扫描二维码
登录潮新闻客户端
看视频

打造山区海岛县高质量发展的浙江样板

杜志雄　王瑜　中国社会科学院农村发展研究所

欠发达地区跨越式发展是习近平同志在浙江的重要创新和工作重点。"八八战略"的一项重要内容是："进一步发挥浙江的山海资源优势，大力发展海洋经济，推动欠发达地区跨越式发展，努力使海洋经济和欠发达地区的发展成为我省经济新的增长点。"

20年来，浙江一张蓝图绘到底，坚定不移推进"八八战略"，深入实施山海协作工程，坚持创新导向、生态导向、民生导向，更加注重系统增强内生动力、问题导向精准施策、以人为本共建共享，全面激发潜力、活力和创新力，奋力打造山区海岛县高质量发展样板，走出一条具有普遍意义的山区海岛县高质量发展共同富裕之路。

实现区域优势互补的自然结果

重视区域协调发展是中国式现代化的重要内涵。欠发达地区跨越式发展体现了习近平同志对区域发展系统性、整体性、协同性的思考，是立足浙江发展实际，面向浙江长期发展的高远战略谋划。

第一，欠发达地区发展不是简单地对欠发达地区实施帮扶，而是缩小地区差距、培育新的经济增长点的系统性战略举措。浙江"七山一水二分田"，靠西南的是山区，包括丽水、衢州全境以及杭州淳安、温州苍南和泰顺等县市的部分区域，当时属于浙江的欠发达地区；靠东北的是水系纵横、土壤肥沃的沿海平原地区，包括杭嘉湖、宁绍平原及甬台温等地，是浙江经济社会发展总体较好的地区。在山海之间横亘着一条与自然地貌交叠的区域发展不平衡不充分的分割线。在2003年"山海协作工程"情况汇报会上，习近平同志提出，"山海协作是缩小地区差距、促进区域协调发展的有效载体"。可见，欠发达地区发展不是简单地对欠发达地区实施帮扶，而是通过区域协调发展，培育浙江新的经济增长点的系统性谋划。

第二，欠发达地区发展不是对发展规律和发展阶段的逾越，而是基于山海资源优势互补、借鉴先发地区发展经验、充分发挥欠发达地区后发优势的整体性提速发展。山和海的资源禀赋差异往往被认为是山海差距的主要原因，但"八八战略"提供了辩证看待山海资源禀赋的视角，强调山海资源优势互补，推动"山海协作"。通过"山海协作"，欠发达地区可以借鉴其他地区发展的成功经验，用好其他地区的资源，发挥本地具有特色的后发优势，用较短时间走完发达地区用较长时间走过的路。立足山海资源优势互补，将山的资源禀赋转化为新时期的发展优势，在加快推进浙江经济高质量发展、解决省域发展不平衡不充分问题过程中具有关键作用。

第三，欠发达地区发展不是单一的区域发展，而是城与乡、山与海全面统筹的城乡区域协调发展。城乡融合发展与区域协调发展是全域共富的一体两面。山的资源禀赋优势在乡村，但发展不平衡的短板也在乡村，不统筹城乡，欠发达地区发展就缺乏坚实的基础。"千村示范、万村整治"工程是习近平同志在浙江工作时亲自谋划、亲自部署、亲自推动的一项重大决策。"千万工程"旨在解决浙江城市化加快过程中城乡差距拉大的问题，探索统筹城乡发展的路径。"千万工程"实施20年来，习近平同志始终高度重视。党的十八大以来，习近平总书记多次到浙江，就全面推进乡村振兴、城乡协调发展等作出重要指示要求。2020年，习近平总书记在浙江考察时指出："区域协调发展同城乡协调发展紧密相关。要以深入实施乡村振兴战略为抓手，深化'千村示范、万村整治'工程和美丽乡村、美丽城镇建设。"事实表明，20年来欠发达地区的发展，也正是城与乡、山与海全面统筹的城乡区域协调发展历程。

实现全域共富的必然趋向

20年来，浙江的山区海岛县发展取得了显著成效。2015年，浙江全面消除了家庭人均年收入4600元以下的绝对贫困现象，欠发达县整体"摘帽"。2022年，浙江山区26县地区生产总值、固定资产投资、规上工业增加值、城乡居民收入等主要指标增速均高于全省平均水平；山区26县居民人均可支配收入与全省之比提高到73.9%；山区26县低收入农户人均可支配收入17329元，比上年增长15.8%，增速比全省高1.2个百分点。

浙江山区海岛县发展取得的成就，得益于统筹区域发展的"三大工程"和统筹城乡发展的"千万工程"贯穿始终、迭代升级，以及补农村短板、强产业弱项、挖资源潜力等方面具有针对性、出真招实招的政策保障。它们持续构建和夯实了山区海岛县发展的共富之道。

为统筹区域发展，习近平同志在浙江工作期间提出了"三大工程"，即"山海协作工程""欠发达乡镇奔小康工程""百亿帮扶致富工程"。通过"山海协作工程"，浙江构建了以项目合作为中心、以产业梯度转移和要素合理配置为主线的区域协作发展平台，促进了区域间的合作共赢。通过实施"欠发达乡镇奔小康工程"，浙江推进了农民下山易地脱贫、转移就业、发展特色产业。通过实施"百亿帮扶致富工程"，浙江大幅改善欠发达地区的基础设施，从而优化区域内投资环境和群众生活环境。"三大工程"相辅相成，是"八八战略"实施以来浙江推动区域间资源互补、协调发展，促进山区海岛县发展和低收入农民增收的重要措施。以"山海协作工程"为例，20年来，浙江持续将"山"的特色与"海"的优势有机结合起来，推动50个发达县（市、区）结对帮扶山区26县，通过"山海协作"引进特色产业项目12000余个、到位资金7400余亿元，形成了"山呼海应、山海联动"的美好图景。

2003年6月，时任浙江省委书记习近平同志在广泛深入调查研究基础上，立足浙江省情农情和发展阶段特征，精准把握经济社会发展规律和必然趋势，作出了实施"千万工程"的战略决策。2005年，习近平同志在安吉余村调研时提出"绿水青山就是金山银山"的重要理念，将生态建设与"千万工程"更加紧密地结合起来，美丽乡村建设成为"千万工程"的重要目标。"千万工程"为山区海岛县将生态优势转化为特色经济优势提供了保障。

一系列政策措施为山区海岛县发展提供了制度环境和发展空间。例如，浙江推进生态文明体制改革，在全国率先推行了资源环境有偿使用制度，即取消了衢州、丽水和山区26县GDP总量考核，并设计和执行绿色发展财政奖补机制政策，积极探索将绿色发展财政奖补机制政策与生态产品质量和价值相挂钩，支持丽水市开展生态产品价值实现机制试点，有力助推生态产品的价值转化，加快打通从"绿"到"富"的转化通道。这个绿色发展财政奖补机制有效引导和支持了山区26县的发展。再如，浙江持续深化的"山海协作工程"创新推出了山区26县高质量发展政策体系，通过"一县一策"为每个县量身定制了发展方案和政策工具箱，推进了"产业飞地""科创飞地"建设，聚力推进山区26县高质量发展。

推动高质量发展的重要路径

当前，我国发展不平衡不充分问题仍然突出，加快推进城乡区域协调发展是构建新发展格局、释放高质量发展新动力的战略路径选择，推动山区海岛县迈向高质量发展，是浙江高质量发展建设共同富裕示范区的必然要求。2021年5月，《中共中央　国务院关于支持浙江高质量发展建设共同富裕示范区的意见》对浙江提出了建设"城乡区域协调发展引领区"的明确定位。党的二十大报告指出，中国式现代化是全体人民共同富裕的现代化，强调要"着力推进城乡融合和区域协调发展"，"鼓励东部地区加快推进现代化"。这赋予浙江推动山区海岛县发展的先行探索经验以时代意义和典范价值。

2021年6月，浙江出台《支持山区26县跨越式高质量发展意见》，围绕优化县域空间发展格局、支持重大项目建设、支持"双向飞地"建设、给予加快发展指标奖励和倾斜、创新土地利用政策、支持矿业发展和矿地综合利用7个方面，加强山区26县国土空间规划，优化重大生产力、重大基础设施和公共资源布局，促进人口集聚、产业协同、要素流动，以发挥"空间治理和资源要素保障"支撑作用，推动山区26县高质量发展。目前看来，浙江山区海岛县高质量发展已有良好的政策环境、资源条件、基础设施支撑和经验参考。下一步，浙江要持续推进"山海协作"迭代完善，提升山区产业平台能级，积极谋划山区生态产业高质量发展，进一步健全生态产品价值实现机制，推动重大生态友好型产业项目向山区转移，加快构建山区共同富裕现代化基本形态。

浙江山区海岛县高质量发展，要在路径选择上一以贯之地坚持和深化贯彻习近平同志关于"跨越式发展要把握好四个关系"的重要论述，更好探索城乡区域协调发展的有效路径。

一是要继续把握好加快经济发展与保护生态环境的关系。高质量发展是深入实践"绿水青山就是金山银山"理念的绿色发展。立足资源禀赋优势，就是要厚植"山"的特色，放大"海"的优势，突出绿色发展、生态富民，保护和发挥好山区海岛县的生态资源优势，持续深耕具有生态优势的生态农产品和乡村旅游产业，承接好具备地理条件和劳动力资源优势的生态友好型产业转移。

二是要继续把握好经济发展与社会发展之间的关系。山区海岛县特别是山区海岛县的农村地区，依然是浙江高质量发展建设共同富裕示范区的短板。要持续坚持城乡融合，进一步改善农村地区特别是山区海岛县农村的生产生活环境，依托"千万工程"向"千村未来、万村共富"迭代升级，推进城乡区域间基本公共服务均等化、生活等值化。

三是要继续把握好坚持自主发展与争取外部支持的关系。要持续坚持陆海统筹、山海互济，通过打造"山海协作"升级版，深化经济强县与山区海岛县在科教文卫等公共服务领域的共同体协作。用好"一县一策"政策，培育壮大"一县一业"，着力推动山区海岛县将协作资源和建设投入转化为运营成效，全面激发内生发展动力。

四是要继续把握好围绕中心与强化核心的关系。在围绕抓住经济建设这个中心不动摇的同时，要切实加强党的领导，加强基层党组织建设，在高质量发展新征程中激发干部群众干事创业的热情，走好新时代党的群众路线。

2021 年 12 月 29 日，随着舟岱大桥的正式通车，岱
山县结束长期以来不通陆路的历史，迎来发展的新机遇
（魏志阳　周旭辉　梅青　摄）

山海之间，找准发力点

吴晔　梅玲玲　吴卫萍（共享联盟·景宁）　王艺

浙江依山而美、依海而兴、山海并利。

2003 年，时任浙江省委书记习近平同志亲自部署、亲自推动了"山海协作工程""欠发达乡镇奔小康工程""百亿帮扶致富工程"等工程，为山区 26 县高质量发展指明了方向、奠定了基础。

20 年来，山区海岛县进一步厚植"山"的特色，放大"海"的优势，实现华丽转身、精彩蝶变。

山呼海应，站上产业新风口

山海之间，都是浙江发展的热土。

2003 年，"山海协作工程"在浙江的青山绿水之间铺开。这项以"政府推动、企业主体、市场运作、互利共赢"为原则的重大战略决策，通过产业转移、人员流动、资金扶持等多种形式，不断填平山与海之间的沟壑。

2023 年 8 月 26 日，碳一新能源集团有限责任公司"集成人造 SEI

膜负极材料"投产仪式在其总部衢州江山市举行，开启了负极材料发展的新未来。之所以选择江山，碳一综合管理部负责人告诉记者，是因为江山能提供足够的土地发展空间、良好的营商环境和相关政策。

山区 26 县经济发展的关键在于找准产业之路。"紧靠衢州智造新城新能源新材料产业高地这一区位优势，这几年，新能源新材料已成为江山实现高质量发展新的经济增长点。"江山经济开发区投资促进部部长王靓告诉记者。

碳一的发展，离不开江山－柯桥山海协作产业园的哺育。作为"山海协作"结对区县，绍兴市柯桥区与江山市建立了共富联席会议等机制，并签订共建"科创飞地"合作协议，建成运营山海协作产业园和山海协作"飞地产业园"。

截至 2023 年 9 月，山海协作产业园已导入工业项目 100 余个。2022 年，山海协作产业园完成固定资产投资 24.61 亿元，规上工业总产值达 105.96 亿元，实现"百亿产业园"目标，连续 6 年获浙江省山海协作产业园绩效评价第一档次。随着 2023 年棒杰新能源、中科锂电等大项目的签约落地，江山离"百亿税收、千亿产值、万亩平台"的发展目标越来越近。

把握优势，增强内生动力

提到浙江山区 26 县，绕不开"绿水青山"这个关键词，它是大自然赋予山区 26 县的资源宝库。

"我们的山，我们的水，我们的空气，我们的生态环境和城市品位，也是我们的软实力。"景宁县经济开发区管委会党工委书记、主任叶妙青说。

如何让好山好水成为山区 26 县高质量发展的内生动力？关键在于打通"绿水青山"向"金山银山"的转化通道。在鹤溪街道敕木山行政村周湖自然村,景宁县惠明茶产业园正建设得热火朝天。

高海拔低纬度,景宁有着出好茶的天然地理优势。"只有筑好巢,才能引来金凤凰。"在景宁县农业农村局党组成员陈斌看来,成熟的产业园区有利于招商引资,辅助茶产业成为县域农业主导产业。据悉,"年产3000吨惠明茶产业项目"已成功列入《2023年浙江省扩大有效投资"千项万亿"工程第二批重大项目》。

浙江山区26县,自然条件、资源禀赋、经济基础不同,赋能路径各有不同。助力高质量发展,既要"共性问题共同解决",又要推动"个性问题个别解决"。2021年以来,浙江省发展和改革委员会全面加强顶层设计,基本构建"1+2+26+N"政策体系,创新实施"一县一策",超常规推动山区26县高质量发展共同富裕。

因地制宜,是"一县一策"最大的特点。淳安县围绕"生态保护前提下的点状开发"、泰顺县围绕"生态旅游全域美丽"、磐安县围绕"特色产业发展"、龙游县围绕"生态工业发展"、景宁畲族自治县围绕"民族地区融合发展"……一系列"量身定制"的政策,让山区县找准发展节奏,把生态优势转化为产业优势,增强内生动能。

聚焦民生,提升群众获得感

实现高质量发展,就要让老百姓更多受益。为了让山区海岛县群众就地就近享受更优质的公共服务,浙江省不断夯实基础设施现代化的硬支撑,提升交通物流的"通达性"、公共服务的"便利性"、新基建的"可及性"。

东海之上,长桥卧波,来往车辆川流不息。一座桥,天堑变通途。2021年舟岱大桥的建成让岱山只能依靠舟楫往来成为历史。清晨,家住岱山本岛的王女士驱车赶往金塘岛上班,仅花了一个多小时。"比原来走轮渡节省了1/3的时间。"她说。

对岱山人民而言，舟岱大桥不只是路线连接的"幸福之桥"，更是一座"致富之桥"。大桥的开通从根本上解决了"物流慢、成本贵"等困扰海岛商家的问题，让他们在家门口念好"生意经"。

健康生活是广大人民群众的共同追求。2023 年 3 月，浙江省医学会与嵊泗县卫健局签署合作协议。浙江省医学会将从院前医疗急救体系建设和基层医疗卫生服务能力提升两方面，为嵊泗县送去有针对性的帮扶。

崇山峻岭、海岛孤悬，由此造成的医疗、教育等公共资源配置难，曾是山区海岛县的民生之痛。2021 年 3 月，浙江省开启医疗卫生"山海"提升工程，13 家省市级三甲医院与 32 家山区海岛县医院合作，集中医学人才、医疗资源等人力、财力、物力，重点帮扶山区海岛县提升医疗服务能力。为了提升山区海岛县的教育质量，还组建跨地区教共体，结对学校数量达 516 所。

绿水逶迤去，青山相向开。一幅陆海统筹、山海互济的壮丽图景正在之江大地徐徐展开。

打开发展新空间

徐明华　中共浙江省委党校（浙江行政学院）

　　"推动欠发达地区跨越式发展"是"八八战略"的重要内容。所谓跨越式发展，是指一定历史条件下落后者对先行者走过的某个发展阶段的超常规的赶超行为。首先，它必须是一种相对于常态化发展更快速度的发展，以相对于常态化发展更短的时间达到目标；其次，它必须是一种相对更高水平的发展，要在技术进步和体制创新的推动下，实现综合发展水平的跨越；最后，它是一种赶超先进的发展，要在一定的时间内缩小与先进者的差距，甚至赶上和超过先进者。

　　跨越式发展有可能实现吗？答案是肯定的，否则区域竞争就失去了意义。改革开放以来，区域跨越式发展的例子比比皆是，比如东部沿海地区的跨越式发展，其中最典型的就是浙江的跨越式发展。改革开放之前，浙江在科技进步、产业发展水平、GDP 总量、人均 GDP、城乡居民收入等方面都只能算全国中游水平，但现在都已经名列前茅。在浙江省内这样的例子也不少。

要跨越式发展就不能按部就班，就要打破常规，要思变、谋变、求变，另辟蹊径，否则很难实现跨越。通常有两大路径。一是通过技术创新，引进或培育新的产业，促进新产业的成长，通过产业转型实现跨越式发展。二是通过制度创新，形成体制机制方面的新优势，从而拥有更强的资源整合和配置能力，实现产业上的跨越式发展。这其实正是改革开放以来浙江走过的路子。

随着社会的发展、技术的进步、交通通信条件的改变，特别是产业技术发展范式的转变、人们生产生活方式和理念的改变，区域发展受到的限制越来越少了，这为浙江山区海岛县迈向高质量发展提供了更多的可能性。山区海岛县要因地制宜，不断突破发展的边界。

"干部下访"

一举多得的有益创举

进一步发挥浙江的环境优势，积极推进以"五大百亿"工程为主要内容的重点建设，切实加强法治建设、信用建设和机关效能建设。

——"八八战略"

黄岩近年进京访批次

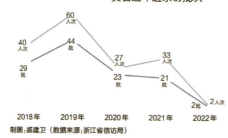

制图：戚建卫（数据来源：浙江省信访局）

- 2003年至今浙江省市县三级领导及部门负责人共约15万人次下访接待群众，累计接待群众20万余批70万余人次，化解20余万件信访问题
- 浙江省市县三级领导及部门负责人下访接待群众满意率达85%以上
- 浙江省年信访量从2002年的54万件(人)次下降到目前的15万件(人)次，集体访量下降74%，越级访量下降20.2%

扫描二维码
登录潮新闻客户端
看视频

"干部下基层开展信访工作"是
坚持人民至上的典范

徐浩然　中共中央党校（国家行政学院）科学社会主义教研部

　　江山就是人民，人民就是江山。中国共产党领导人民打江山、守江山，守的是人民的心。治国有常，利民为本。为民造福是立党为公、执政为民的本质要求。走过百年奋斗历程的中国共产党在革命性锻造中更加坚强有力，党的政治领导力、思想引领力、群众组织力、社会号召力显著增强，靠的就是党同人民群众始终保持血肉联系。

　　国之兴衰系于制，民之安乐皆由治。基层是群众信访的源头，又是解决信访反映问题的关键。基层工作千头万绪，广大基层干部长期在一线工作，为人民群众解决了大量的实际问题。在信访工作中，基层干部应该把好第一道关。2003 年，时任浙江省委书记习近平同志到浦江下访接待群众，开创了"省级领导下访接访"的先河。习近平同志在浙江工作期间亲自倡导并带头下访接待群众形成的好经验好做法，示范带动真下真访民情、实心实意办事，是改善干群关系、加强基层治理的生动实践。在 2023 年"浦江下访"20 周年的重要节点，再提这个"一举多得的有益创举"，可以让人们更加深刻地理解如何通过基层治理为民造福。要坚持"一竿子插到底"的钻劲，紧紧抓住人民最关心最直接最现实的利益问题，深入群众、深入基层，积极采取更多惠民生、暖民心的举措，着力解决好人民群众急难愁盼问题。

习近平总书记强调，信访是送上门来的群众工作，要通过信访渠道摸清群众愿望和诉求，找到工作差距和不足，举一反三，加以改进，更好地为群众服务。2003年9月19日，《浙江日报》头版刊登千字文章《习近平深入基层接待群众来访 认认真真听反映 实实在在解难题》，报道了时任浙江省委书记习近平同志2003年9月18日到浦江接待群众来访的新闻。省领导亲自下访接访，这在当时可是新鲜事。习近平同志为何要"走下去"，第一站又为什么会选在浦江？在这则消息的下方，记者采写了一篇侧记，对这些问题作了解答。改革开放以来，浙江市场取向改革早，既具先发优势，也使一些矛盾和问题较早露端倪、显征兆，通过信访渠道大量反映出来。其中浦江信访问题比较突出，2002年共受理群众信访10307件次。习近平同志在确定拟接访县时明确指出，浦江信访问题多、矛盾集中，群众意见比较大，就到那里去。2003年9月18日当天，习近平同志率省直15个有关部门负责人和金华市、浦江县党政主要领导，一共接访436批、667人次，当场解决91个问题，交办落实责任制的324件，定性处理的21件，留下了许多令人津津乐道的故事。

"干部下基层开展信访工作"特别强调领导干部多到基层困难大、群众意见多的地方去，变"坐堂等访"为主动下访，直面群众、现场应考，特别考验领导干部的能力和水平。习近平同志在浙江工作期间就曾指出，领导干部下访不仅有利于检查指导基层工作，还有利于促进基层工作的开展与落实；不仅有利于为群众解决实际问题，还有利于培养干部执政为民的思想作风；不仅有利于及时处理群众反映的突出问题，还有利于密切党群干群关系；不仅有利于向群众宣传党的路线方针政策，还有利于培养干部把握全局、处理复杂问题的能力。学习"干部下基层开展信访工作"的一大益处，就是让广大党员特别是领导干部深刻认识到，下访接待群众是考验领导干部能力和水平的大考场，来访群众是考官，信访案件是考题，群众满意是答案。各级领导干部对下访接访的信访案件要严格落实责任，抓好跟踪督查和办结率，及时妥善处理，以"件件有着落、事事有回音"的实效取信于民。

近年来，全国信访系统扎实工作，广大信访干部付出大量艰辛努力，推动解决了一大批事关群众切身利益的问题，在维护改革发展稳定大局中发挥了重要作用。各级党委、政府和领导干部要坚持把信访工作作为了解民情、集中民智、维护民利、凝聚民心的一项重要工作，千方百计为群众排忧解难。"干部下基层开展信访工作"强调把问题解决在基层、消除在萌芽状态，注重从源头查找矛盾问题产生的原因。我们只有与群众同坐一条板凳、同围一张桌子，倾心交谈、认真记录，深刻剖析根源，找准问题症结，才能切实做到精准施策。人走近了，话说透了，办法有了，基层底座也就更加坚实稳固了。"干部下基层开展信访工作"要求切实做到难题真解决、群众真满意。要通过下访接访建立起畅通的民情表达平台，既疏导群众情绪，又凝聚群众智慧、融洽干群关系。

基础不牢，地动山摇。只有把基层党组织建设强、把基层政权巩固好，中国特色社会主义的根基才能稳固。中国特色社会主义进入新时代，社会主要矛盾已经转化，群众通过信访渠道反映出来的突出问题，既有新动向，也有老难题，但都事关群众切身利益，事关社会和谐稳定。凡是涉及群众切身利益和实际困难的事情，再小也不能含糊，再小也要竭尽全力去办。无论是化解多年未化解的"骨头案""钉子案""老大难案"，还是啃"硬骨头"、蹚"深水区"，广大党员干部都要从"干部下基层开展信访工作"中学到深厚的为民情怀。从缺少沟通到密切联系，从不理解、不配合到理解、谅解，这条"新路子"让干群之间多了一份温情、少了一份积怨，为和谐信访创造了积极条件。"干部下基层开展信访工作"告诉人们，一定要加强和创新基层社会治理，使每个社会细胞都健康活跃，将矛盾纠纷化解在基层，将和谐稳定创建在基层。各地各部门要加强风险研判，加强源头治理，努力将矛盾纠纷化解在基层、化解在萌芽状态，避免小问题拖成大问题，避免一般性问题演变成信访突出问题；与此同时，要强化责任担当，综合运用法律、政策、经济、行政等手段和教育、调解、疏导等办法，把群众合理合法的利益诉求解决好。

国家安全是民族复兴的根基，社会稳定是国家强盛的前提。中国式现代化要求推进国家安全体系和能力现代化，坚决维护国家安全和社会稳定。推进基层治理体系和治理能力现代化建设，是全面建设社会主义现代化国家的一项重要工作，更是确保国家安全和社会稳定的战略安排。水能载舟，亦能覆舟。国家的发展、民族的兴旺，是人民群众力量创造的。共产党的干部来自人民、为了人民，在信访工作中倾听人民的呼声，了解人民的愿望，汲取改进工作和作风的营养，关心、济助每一个需要关心济助的人，是我们的责任，也是我们的义务。各地区各部门要充分汲取"干部下基层开展信访工作"好做法，从巩固党的执政基础和维护国家政权安全的高度，深刻认识做好基层治理工作的重要性。

党的二十大报告指出，我们党作为世界上最大的马克思主义执政党，要始终赢得人民拥护、巩固长期执政地位，必须时刻保持解决大党独有难题的清醒和坚定。当前，世界百年未有之大变局加速演进，国内改革发展稳定还存在许多躲不开、绕不过的深层次矛盾，社会利益格局深刻调整，人民群众权益意识明显增强，各种矛盾交织叠加，这是大党大国面临的一个复杂的治理难题。我们要深刻领会"干部下基层开展信访工作"蕴含的问题导向，大兴调查研究之风，在解决实际问题中着力防范化解重大风险，推动高质量发展。在以中国式现代化全面推进中华民族伟大复兴新征程上，以"赶考"精神着力解决大党独有难题，我们党就一定能经受住风高浪急甚至惊涛骇浪的重大考验。

2003 年 9 月 18 日，时任浙江省委书记习近平同志在浦江下访接访。面对杭坪镇农民代表反映的 20 省道浦江段改造问题，习近平同志当场拍板，指示改造工程尽快开工建设。700 多天后，20 省道浦江段全线贯通，昔日崎岖不平的盘山公路变成了平坦宽阔的阳光大道。图为 20 省道浦江段现状（浦江县融媒体中心 供图；戴天 摄）

"干部下基层开展信访工作"：与群众面对面

潘如龙　周宇晗　洪建坚（共享联盟·浦江）　戚妍尔

2003 年 9 月 18 日，时任浙江省委书记习近平同志亲自到信访大县浦江下访接访，开创了省级领导干部下访接访的先河。"干部下基层开展信访工作"好做法由此逐步形成。它体现的是群众观点，反映的是干群关系，呼唤的是担当精神。深入推进"干部下基层开展信访工作"关键在于与群众面对面。20 年来，浦江、黄岩等地不断创新与群众面对面形式，实心实意为群众办事。

组团包村：县机关干部与群众面对面

"习近平同志与信访人员亲切招呼，仔细倾听，耐心宣讲政策。"当年的浦江县信访局局长张国强兴奋地告诉记者，"当时还给每一位候访人员准备凳子，提供开水"。他说，那天最强烈的感受是习近平同志的人民情怀和对群众的深厚感情。

浦江县牢记习近平同志的要求，从实际出发，不断建立健全相关制度，主动走出去、沉下去、钻进去，站在群众的角度考虑问题，解决实际问题。"2015 年，我们创新探索'两富两美指导员'制度，由一名县直机关领导，加政法、纪检等干部直接服务村社。"浦江县委组织部常务副部长骆安说，对于农村居民来说，如果问题在村里得不到解决，他们可能会去镇里，但要是镇里也解决不了，很多人就会茫然不知所措，如果有县里派下来的相对固定的指导员，他们很可能就会直接找指导员寻求帮助。而指导员跟乡镇干部相比，与村干部没有太多利益瓜葛，通常会比较公平公正地处理纠纷，而且可以协调县里的资源帮助解决生产等方面的困难。

2019 年，浦江县充实完善村社"4+2"联心服务团，进行"组团包村"。由 1 名县管干部、1 名机关干部、1 名纪检人员、1 名政法干部共 4 人，加 1 名乡镇班子成员、1 名驻村干部共 2 人，组成"联心服务团"，服务村社的党建、发展和治理。服务团实行村（社）重要决策必到、重要活动必到、发生突发事件必到、调处重大矛盾纠纷必到的"四必到"政策。"组团包村"使县机关干部走进群众，用实干担当畅通乡村治理的"最后一公里"，实打实地包出了作风、包出了民心。

"去年，我们的村集体经济收入达到 243 万元。"浦江县寺后村党支部书记蔡东锋告诉记者。曾经，寺后村的很多工作落在后面，集体经济年收入不到 50 万元。2019 年，"联心服务团"每月至少 2 次到村，对村内危旧房、环境卫生和集体经济发展等进行了具体指导，并在县委的支持下，发动党员群众进行村庄整治，引导村民种植洛神花，开设洛神花共富工坊酿酒。一个基层党组织软弱的涣散村在"联心服务团"的帮助下，短短几年内蝶变成为党建强有力的美丽先进村。

党员联系农户：村社党员与群众面对面

及时把矛盾纠纷化解在基层、化解在萌芽状态，是社会治理的关键。浦江推行的村社党员联系农户制度，让每位党员直接联系农户，激活了基层治理的"神经末梢"。"我们按照'就亲、就近、就便'原则，由党员自行选择农户。"骆安几年前在乡镇任组织委员的时候摸索出了这个好办法，"1 名党员通常联系 10 户左右的农户，他们有的是亲戚，有的是同学、朋友，相互之间好说话，容易面对面沟通。村民会跟党员说心里话，上面容易把政策传达下去，也能及时掌握苗头性问题。"浦江将村里的发展交给村"两委"，治理交给党员，还赋予联系党员一定的"权力"——农户申请宅基地、子女入党入伍政审时须征求联系党员意见，村"两委"开会研究该农户问题时党员列席。"权责统一的党员联系农户制度，使双方的联系更加密切，党员的威信更高，农户的配合意愿更强。"骆安说。

基层是产生信访问题的源头。重心下移，党员直接联系群众，第一时间掌握第一手情况，从源头上解决问题，信访的底层逻辑因此发生根本性改变，信访生态得到根本性改观。2019 年以来，浦江县级以上登记信访总量逐年下降，2022 年信访量比近 3 年平均值又下降了25.1%，赴省信访量连续多年保持在 170 件以下。

"在农村，还是'党员 + 网格'管用。"浦江县郑宅镇组织委员彭翀说，"在垃圾分类、土地流转等攻坚战中，我们常常通过党员去攻克一个个堡垒"。在开始垃圾分类的时候，村里通过查看监控，由所联系的党员提醒未进行分类的农户。"几次下来，这些农户也觉得不好意思了，便慢慢养成了分类的习惯。"玄鹿村党支部书记郑国防说。

2022 年下半年，郑宅镇实施"千亩方"永久基本农田集中连片整治，最后剩下玄鹿村的 15 户"钉子户"，镇党委受党员联系农户制度的启发，召集 15 名支部书记一起开会，要求每人认领 1 家农户，通过熟人上门做工作。很快，15 户人家全部签字同意流转土地，"钉子户"问题迎刃而解。

党员联系农户制度，是"党建 +"的一个有效载体，也是"熟人社会"的一种有效治理模式。习近平总书记指出，乡村社会与城市社会有一个显著不同，就是人们大多"生于斯、死于斯"，熟人社会特征明显。要加强乡村道德建设，深入挖掘乡村熟人社会蕴含的道德规范，结合时代要求进行创新，强化道德教化作用，引导农民爱党爱国、向上向善、孝老爱亲、重义守信、勤俭持家。在党建引领下，充分发挥熟人社会的道德约束作用，将使基层治理收到事半功倍的效果。浦江的"家风指数"，黄岩的"信访信用体系"，都是有益的尝试，值得进一步探索总结。

信访联席会议制度：事权部门与群众面对面

做好领导下访接访，贵在健全制度、长期坚持，难在解决问题、化解矛盾。黄岩区委坚持每周一次的信访联席会议制度，把下访带回来的问题进行充分研究，由事权单位落实办理，召集相关部门进行"专家会诊"，并深入群众，在不断交流过程中将问题逐个解决。

"很多信访问题，光是在办公室里看看材料是解决不了的。"黄岩区委副书记、政法委书记王勇军说，"仅凭一个信访局也解决不了，一定要通过联席会议，将相关职能部门和乡镇召集起来共同研究，使部委办局形成合力，由事权单位负责深入调查，多方面听取意见，与群众面对面，最终推动问题解决"。

2023年5月底6月初，黄岩区收到东城街道天铂华庭小区业主相关投诉25件次，集中反映天铂华庭小区因交房问题，影响业主小孩当年就学报名。此事涉及区教育局、住建局、黄岩自然资源与规划分局、公安分局。区联席会议于是协调相关部门，仅用1周时间即妥善解决了该问题，赢得群众交口称赞。联席会议制度有力推动了黄岩信访工作效能的整体提升，使多项指标走在浙江省各市前列，这对于曾经信访体量较大的黄岩来说实属不易。

解决问题最终要靠深入细致的调查，需要对信访人动之以情、晓之以理、明之以法。有些积案时间久了，需要推倒重来，因为政策变了、人事变了，如果仅看材料听汇报还原不了事情的来龙去脉，需要事权单位同相关人员当面核实情况，用脚步踏出信访背后的真实故事。黄岩区头陀镇的童某，于1993年通过拍卖获得当地一处闲置办公楼，但由于各种原因一直未办理土地证、房产证。在联席会议协调下，事权部门人员反复与当事人面对面沟通，最终为童某解决了他奔走30年未解决的老大难问题。

"我们坚持一个原则，深入群众把联席会议做实。原则就是，有道理的，哪怕只有一点道理也要努力解决；没道理的，做好解释工作；如果是违法的，则依法打击。"王勇军说。解决信访问题，努力把群众利益维护好，也需要给社会一个鲜明的导向——重法治、讲信用。金华市检察院党组书记、检察长钟瑞友连续两年以循环制形式到县级社会治理中心化解群众急难愁盼问题，他的深切感悟是：公平是最大的动力，做好信访工作必须坚持公平公正的原则，做到一把尺子量到底。

群众利益无小事，一枝一叶总关情。弘扬践行"干部下基层开展信访工作"就要坚持以人民为中心，与群众心连心，深入基层、深入一线，努力把群众利益实现好、维护好、发展好。

三个层面践行『干部下基层开展信访工作』

王国勤 浙江传媒学院浙江省社会治理与传播创新研究院

深入挖掘"干部下基层开展信访工作"在基层治理中的实践价值和理论意涵，是现阶段的一项重要任务。这项工作至少可以从三个层面大力推进。

在基层治理现代化层面上提炼"干部下基层开展信访工作"的内在规定性。这一做法所蕴含的制度价值只有放在基层治理现代化层面上才可以得到更全面、科学的彰显。其一，在理想信念和指导思想上，"干部下基层开展信访工作"是"人民至上"立场、群众路线等在基层治理实践中的生动落地。其二，在具体目标上体现了新时代新征程"统筹发展与安全"的内在要求，有效提升了基层治理体系和治理能力现代化水平。其三，这一做法具有区别于其他先进治理经验的独特机制与要求。例如它主要激活了各级领导干部在基层治理中的主动作为与责任担当精神；领导干部要用心用情用力，做到"件件有回音、事事有效果"；领导干部不仅是去解决问题，也是去调查研究，广泛听取民意吸纳民智，不仅是取信于民，也是自我革命，不断提高执政能力。

在基层治理体系化层面上加强"干部下基层开展信访工作"和"枫桥经验"的制度协同性。这两者所追求的治理价值和基本目标是互相契合的，但着力点和方向又各有侧重。"枫桥经验"自下而上，重在预防，而"干部下基层开展信访工作"自上而下，重在破难。因此，亟须加强这两者的制度协同性，把干部主动下沉服务和强化群众自治活力结合起来，形成互为补充的系统闭环。这种制度协同性可以通过数字赋能将诸多治理平台、组织、资源、机制和功能进行优化整合，发挥值得期待的乘数效应。

在中国式现代化视域下迭代"干部下基层开展信访工作"的理论创新水平。在以中国式现代化全面推进中华民族伟大复兴的背景下，需要在中国式现代化视域下加强对这一做法更深入的挖掘，提升理论创新水平。"干部下基层开展信访工作"所蕴含的如何发挥党建引领在推进基层治理现代化中的作用、如何提高领导干部的基层治理能力、数字时代如何处理好活力与秩序的关系等诸多议题，都将成为中国式现代化理论创新的重要增长点。

15

全过程人民民主

众人的事情由众人商量

进一步发挥浙江的环境优势，积极推进以"五大百亿"工程为主要内容的重点建设，切实加强法治建设、信用建设和机关效能建设。

——"八八战略"

数说

2018年至2022年市县乡三级票决（选）产生的民生实事项目数量

（单位：个）

年份	数量
2018年	9329
2019年	9922
2020年	9582
2021年	9619
2022年	9806

制图：潘泓璇（数据来源：浙江省人大常委会、浙江省政协）

全过程人民民主的首创实践

● 制定近20部全国首创的省级地方性法规

● 温岭"民主恳谈"、武义"后陈经验"等基层民主实践，走出浙江，影响全国

● 在全国率先推行民生实事项目人大代表票决制，并实现市县乡三级全覆盖

● 推动政协协商向县以下基层延伸，民生议事堂实现乡镇（街道）全覆盖

扫描二维码
登录潮新闻客户端
看视频

全过程人民民主重大理念的孕育与浙江探索

余逊达　浙江大学公共管理学院

田媛元　浙江省社会科学院

　　民主是全人类的共同价值，是中国共产党和中国人民始终不渝坚持的重要理念。新中国成立后，我国创建了人民民主的国家根本政治制度，开辟了社会主义民主实践和发展的崭新境界。习近平同志在浙江工作期间，就如何认识、实践和发展人民民主进行了深入思考和探索，为习近平新时代中国特色社会主义思想关于全过程人民民主重大理念的形成奠定了重要基础。

　　发展全过程人民民主，是 2019 年 11 月习近平总书记在上海虹桥街道考察全国人大常委会法工委基层立法联系点时，第一次明确提出的重大理念。在 2021 年 10 月召开的中央人大工作会议上，习近平总书记对发展全过程人民民主进行了全面、深入的阐述，揭示了全过程人民民主的主要特征。我国的全过程人民民主，包括民主选举、民主协商、民主决策、民主管理和民主监督等治国理政的全过程，包含各类制度形式，有着完整的内在结构和规定性的制度体系。

　　浙江是习近平新时代中国特色社会主义思想重要萌发地。党的十一届三中全会后，浙江无论是在发展民营经济方面，还是在改革政府和社会管理体制、发展民主法治方面都走在全国前列。在地方人民代表大会、政治协商、基层民主、统一战线等领域的制度建设方面，浙江开展了一系列变革性实践，取得了一批在全国有重要影响的创新性、突破性、引领性成果。习近平同志在浙江工作期间，对浙江市场导向的经济体制改革和民营经济发展，以及政治社会体制改革和民主法治发展，都给予了高度重视和关注。他在制定"八八战略"的同时，明确"法治浙江"建设是浙江经济、政治、文化和社会建设总体布局的有机构成，提出要在坚持中国特色社会主义民主政治方向的前提下建设"法治浙江"，认为努力建设"法治浙江"是发展社会主义民主政治的有效途径。此外，他还多次就人大工作、政协工作、基层民主工作、统一战线工作以及各级党委、政府如何通过民主解决人民面临的各种问题等方面开展调查研究，并发表了许多既有针对性又有普遍指导意义的观点和意见。

习近平同志在浙江工作期间就如何认识和发展民主政治所阐述或提出的思想和做法，内容丰富深刻，带有首创性。主要有以下六点。

第一，发展民主要从中国的实际出发。习近平同志指出，推行民主当然重要，但是民主模式具有多样性、复杂性，究竟选择什么样的民主模式，取决于一国的具体国情，包括历史、经济、文化、社会等，即便是西方资本主义的所谓"民主国家"，其民主模式也是多种多样的。如果硬把它们照搬到别的国家，就有可能"水土不服"，产生南橘北枳的结果。我们要借鉴人类政治文明的有益成果，但决不能盲目照搬别国民主发展模式。

第二，充分肯定并积极推进、引导、推广浙江在发展基层民主政治方面的创新做法。习近平同志指出，"基层矛盾要用基层民主的办法来解决"，要切实相信和依靠群众，尊重群众的首创精神和主体作用。习近平同志对温岭民主恳谈给予肯定，并将其作为基层民主政治建设制度实践形式的创新和完善。2005 年 1 月，习近平同志在余杭小古城村调研时，嘱咐当地"加强基层民主法治建设，服务好三农"。小古城村由此走上了探索"众人的事情由众人商量"的民主协商新实践。2005年6月，习近平同志赴武义后陈村考察全国首创的村务监督委员会制度，及以此为主要形式开展的村级民主监督实践，并予以高度评价。在调研会上，他用推进"全过程监督"这一当时全新的提法，为后陈民主监督制度指明发展方向。2005年4月，浙江发布《浙江省村级组织的工作规则（试行）》。这是全国第一个省级正式出台的规范性村级组织工作条例，保障了浙江整体推进村民自治。此外，习近平同志还先后三次到杭州西湖区翠苑一区考察，作出"民有所呼、我有所应，民有所呼、我有所为"的指示要求。

第三，强调"民主管理、民主决策、民主监督"同"民主选举"一样重要。在村级民主政治发展中，一度只注重选举而轻视其他民主形式。针对这一情况，习近平同志指出，民主选举是基层民主政治建设的一个核心内容，是实现村民自治的前提和基础。但是，民主选举仅仅是民主政治的第一步。民主选举不是民主政治建设的全部，一选了之肯定会出乱子。为了说明各类民主方式相辅相成的道理，习近平同志用了一个生动的比喻——马比驴跑得快，一比较，发现马蹄比驴蹄长得好，于是把驴身上的蹄换作马的蹄，结果驴跑得反而更慢；接着再比较，又发现马腿比驴腿长得好，于是把驴身上的腿也换作马的腿，结果驴反而不能跑了；接下来，依此类推，换了身体、换了内脏，最后整个的驴换成了整个的马，才达到了跑得快的目的。这个比喻说的是，"民主选举"仅仅是一个"马蹄"，推进民主政治建设不能只换个"马蹄"，只有民主选举、民主决策、民主管理、民主监督都配套完善起来，同时基层党组织要发挥领导核心和战斗堡垒作用，民主才能顺利运行。

第四，明确提出民主政治要用来解决人民面对的问题。2004年，习近平同志亲自组织实施建立健全为民办实事长效机制的探索实践，浙江省委、省政府在全国率先出台《关于建立健全为民办实事长效机制的若干意见》，对民情反映、民主决策、责任落实、投入保障、督查考评五个方面的工作机制作出部署。习近平同志也曾在调研、座谈等场合，多次就建立健全为民办实事长效机制的民主决策机制作出重要指示。习近平同志强调，为民办实事的民主决策要进一步加强。各级党委、政府在为民办实事工作中，一定要重视建立健全民主决策机制，通过这个机制来进一步了解民情、反映民意、集中民智，使党委、政府确定的为民所办的实事项目更符合群众的迫切需要。

第五，不断加强民主的制度化、规范化和法治化建设。2006年4月，在习近平同志的提议下，浙江省委作出了建设"法治浙江"的重大战略部署。"法治浙江"是建设社会主义法治国家在浙江的具体实践，也是全国最早的"法治中国"建设省域实践探索。习近平同志提出，建设"法治浙江"，就是要在坚持中国特色社会主义民主政治方向的前提下，推进浙江省人民民主的制度化、规范化和程序化，把人民群众的民主要求，包括人的权利、人的利益、人的安全、人的自由、人的平等、人的发展等，全面纳入法治化轨道，使公民的政治参与既能够在具体的制度上得到保障，又能够在有序的轨道上逐步扩大。特别是要扩大基层民主，推进决策的科学化、民主化，畅通民意上达渠道，完善社情反映制度，扩大人民群众在决策中的参与程度。在论述社会主义法治理念时，习近平同志再次提出，要确立一切权力属于人民、来自于人民的理念，在党的领导下，通过法律和制度保障人民当家作主，通过人民赋予的权力和民主程序制定法律，使各项法律制度符合人民的意愿、利益和要求。要推进社会主义民主的制度化、规范化、程序化，把人民群众的民主要求纳入法治化轨道，充分调动广大人民群众的积极性和创造性。

第六，把党的领导贯穿于"法治浙江"建设的全过程。习近平同志提出，在党的领导下发展社会主义民主、建设社会主义法治，把党依法执政的过程作为实现人民当家作主和实行依法治国的过程，作为巩固党的执政地位的过程，作为建设社会主义政治文明的过程，把加强党的政治、思想和组织领导贯穿于"法治浙江"建设的全过程。不仅要进一步加强党内民主，还要充分发挥其对于人民民主的示范和带头带动作用。"要按照总揽全局、协调各方的原则，规范党委与人大、政府、政协及人民团体的关系，支持人大依法履行国家权力机关的职能，支持政府依法行政，履行法定职能，支持政协积极发挥政治协商、民主监督、参政议政的作用，支持法院、检察院秉公执法，依法独立行使职权。"

从以上论述和相应实践不难发现，习近平同志在浙江工作期间所阐发的关于民主实践与发展的思想和观点，与发展全过程人民民主的重大理念有着内在的联系。前者已经孕育、体现了后者大多数理论元素，在内容、思想逻辑、理论指向、建设重点、实践逻辑、实现形式以及整体架构上都是总体一致的。

从内容上看，习近平同志在浙江工作时强调，"民主管理、民主决策、民主监督"同"民主选举"一样重要，一样关键。全过程人民民主正是选举、协商、决策、管理和监督方面的统一。从思想逻辑上看，习近平同志在浙江工作期间借"驴马理论"反对"半拉子"的民主，而全过程人民民主正是一个全面、广泛、有机衔接的制度体系。从理论指向上看，习近平同志在浙江工作期间，曾分别提出最广泛地动员和组织人民群众、更真实地体现人民当家作主的权利，以及通过民主的方法来解决基层矛盾，而全过程人民民主正是"最广泛、最真实、最管用"的民主。从建设重点上看，习近平同志在浙江工作时，多次强调制度建设更带有根本性、全局性、稳定性和长期性，这与发展全过程人民民主要加强人民当家作主制度保障建设的思想是总体一致的。从实践逻辑上看，习近平同志在浙江工作时，提出把加强党的政治、思想和组织领导贯穿于"法治浙江"建设的全过程，这与发展全过程人民民主重大理念也是相似的。从实现形式上看，习近平同志在浙江工作时提出，人民当家作主不是抽象的，必须经由具体的途径或形式才能实现，而全过程人民民主重大理念则在体现人民当家作主方面提出了三个"具体地、现实地"要求。从整体框架来看，习近平同志在浙江工作时关于推进民主方面所发表的各类讲话和批示，系统覆盖了人大、政协、统一战线、基层民主和党的领导，探讨了在这些领域的工作和实践与进一步发展人民民主的关系。他对浙江基层民主实践中涌现出来的村务监督委员会、民主恳谈及在民主决策、民主管理等方面创新性做法的肯定、提炼和推广，也有效地弥补了当时民主制度中的短板和不足，促进了中国民主制度体系的健全。所有这些理论阐发与实践关注，都与发展全过程人民民主重大理念的基本框架是总体一致的。

全过程人民民主重大理念的确立，深化了人民民主理论的内涵，揭示了人民民主发展新的历史方位，拓展了人民民主的实践空间，更好地保障和满足了人民当家作主的需求。党的二十大对推进全过程人民民主建设作了战略布局，明确要求未来五年，全过程人民民主制度化、规范化、程序化水平进一步提高；到 2035 年全过程人民民主制度更加健全。可以确定地说，全过程人民民主将成为我国全面现代化建设和新型文明形态建设的重大表征，必将对人类民主发展进程产生重大影响。浙江作为这一重大理念的孕育地和最早开展系统实践的地方之一，也必将在全过程人民民主建设中走在前列。

以村务监督委员会为核心的"后陈经验"大大激发了全村的干事创业热情。2004年以来，后陈村村集体经济年收入增长43倍，村民人均年收入翻三番。图为后陈村村景（沈云建　胡诚　摄）

民主的阳光 "浙"样照进生活

肖国强　李茸

2023 年 6 月，来自全国各地的专家学者先后走进浙江的两个小村庄，一个是杭州市余杭区的小古城村，另一个是金华市武义县的后陈村。

走访地点虽不同，研讨内容却相似，都是围绕"溯源新思想"和"全过程人民民主"等关键词展开。小古城村的"众人的事情由众人商量"，后陈村的"后陈经验"背后折射出全过程人民民主在浙江基层的生动实践。

党的十八大以来，习近平总书记提出全过程人民民主重大理念，强调"全过程人民民主是社会主义民主政治的本质属性，是最广泛、最真实、最管用的民主"。浙江作为这一重大理念的孕育地和最早开展系统实践的地方之一，坚持把党的领导贯彻落实到全过程人民民主的各个环节，融入经济社会发展、民主政治、百姓生活的方方面面，从省域层面展示了中国式民主的独特魅力。

最广泛：人人参与、人人尽责、人人享有

刚走进小古城村，记者就看到了村头"众人的事情由众人商量"十个大字。"我们村庄能有今天，靠的就是这个法宝。"村党委书记林国荣说。2005 年 1 月，时任浙江省委书记习近平同志在小古城村调研时，嘱咐村干部要"加强基层民主法治建设，服务好'三农'"。

牢记殷殷嘱托，村里按照"众人的事情由众人商量"的要求，探索出民主协商"四议六步"工作法，搭建出"樟树下议事"民主协商平台。按照这一机制，村庄怎么建设、产业怎么发展、利益怎么分配等村里的大小事，都要拿来议议，形成协商结果再提交户主会审议签字、村民代表大会决议，公示无异议后组织实施。

村民"主动参与、广泛参与、有效参与"村里事务的积极性由此大大提高，全村发展步入快车道。如今，小古城村先后获得全国民主法治示范村、全国乡村旅游重点村、全国文明村等几十项荣誉，村集体经济收入由 2003 年的 27 万多元增加到 2022 年的 1007 万元，同期农民人均可支配收入由 6700 元增加到 52760 元。

人人参与、人人尽责、人人享有。在浙江，既有温岭"民主恳谈"、宁波"村民说事"等各类基层民主治理平台遍地开花；又有 4000 多万选民依法行使选举权利，一人一票、同票同权，在家门口直接选举产生 8 万余名县乡两级人大代表的民主实践。群众参与日常政治生活、社会治理和重大决策的渠道越来越多、范围越来越广。

最真实：让群众真正参与到民主治理中来

武义县白洋街道后陈村，是全国首个村务监督委员会诞生地。

后陈村党支部书记吴兴勇告诉记者，2004 年 6 月 18 日，后陈村通

过村民代表会议，选举产生了全国首个村务监督委员会——后陈村村务监督委员会。这个机构的职责，就是代表村民全方位全过程监督村里的人、财、事，解决当时村里决策不民主、财务不公开导致的村里干群矛盾突出问题。

2005 年 6 月 17 日，在后陈村村监会成立一周年之际，习近平同志来到后陈村调研，指出这一基层民主创新"是积极的，有意义的，符合基层民主管理的大方向"，并亲自总结提炼为"后陈经验"。

"现在，村监会每月定期检查村集体账目，形成了'村书记说事、监委会主任说账'的惯例。村里的大事小事必须在党员大会和村民代表大会上充分讨论，再向全体村民公示。"后陈村村务监督委员会主任胡欣伟说。

"以前是村干部说了算，现在都要听全体村民的意见。"村民李飞琼一边说，一边点开手机上的"后陈和美乡村"微信群，"村里要做什么事都会在群里公开，比如最近老年食堂要招厨师、绿化项目要招标等，都要征求我们的意见，接受我们的监督。"

19 年来，从武义破题到全省实践，再到走向全国、写入国家政策和法律，"后陈经验"已成为全过程人民民主基层实践的鲜活样本。

在浙江，这样的故事还有很多。遍布全省的代表联络站、委员会客厅、基层立法联系点及各地全天候服务的 12345 热线，系统整合各级各类民意反映渠道的"民呼我为"统一大平台，让人们随时随地都能表达自己的真实关切、真实诉求，通过各种民主形式，真正参与到民主治理中来。

最管用：诉求能通畅表达，也能有效实现

"民主不是装饰品，不是用来做摆设的，而是要用来解决人民要解决的问题的。"习近平总书记的这句话，道出了全过程人民民主最重要

的指向——"最管用"。嘉兴南湖区政协委员陈国良，正是在参与政协"民生议事堂"的实践中，感受到这句话的分量。

陈国良带着记者走进嘉兴市南湖区城南街道长新公寓二期，只见居民楼下、绿化带旁，私家车在对应的车位停得整整齐齐。而去年此时，这个小区近500辆私家车只有270个车位，停车难让小区居民苦不堪言。

接到居民的反映后，陈国良所在的城南街道政协委员履职小组很快开展实地调研。在了解清楚居民的诉求和建议后，他们将其列为城南街道民生议事堂的一个重要议题。2022年9月，市、区政协委员及职能部门负责人、街道和社区代表、居民代表、物业公司负责人等，在民生议事堂里通过半天时间的头脑风暴，形成了小区改造优化、增设停车位、优化充电桩设置等协商建议，并被区里及街道相关部门采纳。

不久后，小区改造工程竣工，小区停车位增加到609个，停车难题彻底解决。小区的变化，让居民龚加强竖起大拇指："现在随时都有停车位，真是太幸福了。"

嘉兴在全国首创的民生议事堂，推动政协协商向县以下基层延伸，把协商平台搭建在群众的家门口，让一批"老大难"问题得以解决，让群众"来了不白来""说了能管用"。

民主起始于公民意愿的充分表达，落实于公民意愿的有效实现。今天的浙江，小到小区物业管理、电梯加装，大到制定法律法规、国民经济和社会发展规划、预算编制及执行监督、确定全省民生实事项目等，每个人都能切实参与其中。群众的期盼、希望和诉求有地方说、说了有人听、听了有反馈，诉求既能畅通表达，也能有效实现。

这正是全过程人民民主"最广泛、最真实、最管用"的生动注脚。当前的浙江，正朝着"全过程人民民主实践高地"这一目标奋力奔跑，民主的阳光将更好地照进每个浙江人的生活。

重基层建载体 筑牢民主基石

陈宏彩 中共浙江省委党校（浙江行政学院）公共管理教研部

"八八战略"实施20年来，浙江创造了许多具有浙江辨识度的民主方式、民主制度，打造了全过程人民民主的浙江样本。

以基层民主为重点，打造真实管用的全过程民主。浙江全过程人民民主的重要目标之一是激活基层群众的民主热情，让民主决策、民主参与、民主管理和民主监督成为基层政治生活的常态。以温岭民主恳谈、小古城村"众人的事情由众人商量"等为代表的基层民主实践，让有时代特征、浙江特点、中国特色的基层民主彰显出生机勃勃的活力。

以平台贯通为纽带，打造纵横结合的全覆盖民主。建构信、访、网、电四位一体、"横向到边、纵向到底"的民呼我为统一平台，畅通、贯通各种民意表达渠道，让所有民众诉求都能得到及时有效的回应。做实做强代表联络站、委员会客厅，并以数字化手段将人大、政协、信访等各种民意表达平台有效衔接和贯通。采取线上线下相结合的方式实现民主协商和民主监督，让各类群体都能享有广泛而充分的参与权、监督权。制定民生议事堂协商议事工作规则等规范性文件，推动民主议事覆盖全省所有乡镇（街道），实现村（社）民主制度化、常态化、规范化。

以人民意见建议征集为载体，打造闭环管理的全方位、全链条民主。在常态化开展民生实事项目意见建议征集、重大民生事项人大代表票决制等实践的基础上，省市县各级信访部门成立人民意见建议征集办公室，全方位征集人民群众对各部门、各领域的意见建议，并建立意见征集、决策吸纳、应用转化、激励反馈等全链条闭环管理机制，将制度优势充分转化为治理效能。

16

法治浙江
跑出法治中国建设加速度

进一步发挥浙江的环境优势，积极推进以"五大百亿"工程为主要内容的重点建设，切实加强法治建设、信用建设和机关效能建设。

——"八八战略"

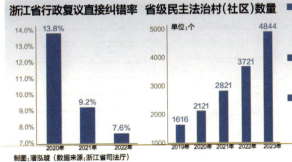

- "最多跑一次"改革实现率达92.9%，全省90%以上民生事项实现"一证通办"、80%政务服务事项实现掌上可办
- 法治浙江建设群众满意度逐年提升，全省万人律师比达5.74，律师总数为41538人
- 浙江省建成全国法治宣传教育基地10家，全国民主法治村(社区)273个，实现市县乡村四级公共法律服务实体平台全覆盖

制图：潘泓璇（数据来源：浙江省司法厅）

扫描二维码
登录潮新闻客户端
看视频

从"法治浙江"到更高水平的"法治中国"

胡铭　浙江大学光华法学院

2003 年，"八八战略"重大决策将"法治建设"确立为优化浙江发展软环境的重中之重。2006 年，浙江省委十一届十次全体（扩大）会议作出建设"法治浙江"的决定，法治建设被提升到前所未有的战略高度。"法治浙江"实践的展开建立在大量调查研究的基础上，集中体现为区域先行法治化，即在遵循国家法治发展总体方向的前提下，适应特定空间范围内的区域发展现实需求，建构有机协调的区域法治秩序，推动区域发展的法治进程。17 年来，"法治浙江"的内涵不断深化和完善，为建设更高水平的法治中国提供了浙江样本。

习近平法治思想的理论内涵

浙江是习近平法治思想重要萌发地和法治中国建设重要实践地。习近平同志在推进"法治浙江"建设过程中对法治问题的深入思考，不仅为"法治浙江"实践的不断深化提供了重要的思想指导，而且为探索形成习近平法治思想提供了理论基础。

始终将法治作为党执政的基本方略。2006年2月，习近平同志明确指出，法治建设是政治文明建设的重要内容，法治进步是社会文明进步的重要标志，法治社会是人民梦寐以求的理想社会。这实际上已经把法治提升到治国理政基本方式的战略高度，为党的十八大之后提出"法治中国"建设目标，将依法治国确立为"党领导人民治理国家的基本方略"，将法治确立为"治国理政的基本方式"，以及作出全面依法治国的战略部署提供了重要的思想和实践基础。

始终将法治建设作为现代化建设总体布局的重要内容。2003年7月，习近平同志提出"八八战略"，将法治建设纳入其中。2006年4月，习近平同志指出，"省委提出并推进'法治浙江'建设，是根据中央的决策部署，对浙江现代化建设总体布局的进一步完善"。党的十八大以来，习近平总书记提出了"四个全面"战略布局，其中之一就是全面推进依法治国。"法治浙江"在社会主义现代化建设总体布局中的战略定位，同全面依法治国在"四个全面"战略布局中的定位是完全一致的。

始终坚持党的领导、人民当家作主、依法治国的有机统一。2006年4月，习近平同志指出，我们在推进"法治浙江"建设中，要认真贯彻依法治国、执法为民、公平正义、服务大局、党的领导五个方面的内容，更好地体现党的领导、人民当家作主和依法治国的有机统一。党的十八大以来，习近平总书记系统阐述了在新时代"坚持党的领导、人民当家作主、依法治国三者有机统一"的新内涵和新意义，进一步丰富和发展了"三统一"理论。可以说，从"法治浙江"到"法治中国"，坚持党的领导、人民当家作主、依法治国的有机统一，是贯穿始终的主线。

始终坚持法治与德治相结合。习近平同志指出，法律和道德，如车之两轮、鸟之两翼，一个靠国家机器的强制和威严，一个靠人们的内心信念和社会舆论，各自起着不可替代又相辅相成、相得益彰的作用，其目的都是要达到调节社会关系、维护社会稳定的作用，保障社会的健康和正常运行。党的十八大以来，习近平总书记对法律与道德、依法治国与以德治国关系作出了进一步的阐述，强调"要既讲法治又讲德治""把法律和道德的力量、法治和德治的功能紧密结合起来"。坚持法治与德治相结合，蕴含着深厚的中华优秀传统文化精髓，是习近平法治思想的鲜明特色。

始终坚持以人为本、执法为民。习近平同志强调，要围绕维护人民群众根本利益，把解决人民群众最关心的问题，作为推进"法治浙江"建设的切入点，使"法治浙江"建设一开始就惠及群众，让群众感受到实际效果。党的十八大以来，习近平总书记进一步深化发展了关于执法为民和坚持以人为本的思想，党的十八届四中全会通过的《中共中央关于全面推进依法治国若干重大问题的决定》，把"坚持人民主体地位"明确规定为"全面推进依法治国"必须坚持的基本原则，充分体现了习近平总书记关于法治建设的重要思想在本质要求上的一脉相承。

始终坚持在法治建设中发挥党总揽全局的制度优势。习近平同志一再强调，建设"法治浙江"，必须旗帜鲜明地坚持党的领导。为充分发挥党的领导这一社会主义法治建设的最大优势，浙江省委成立了建设"法治浙江"领导小组，习近平同志亲自担任组长。党的十八大以来，习近平总书记在党的领导方面提出并系统论述党的领导是中国特色社会主义法治之魂等重要思想，为新时代全面依法治国提供了根本遵循。

建构现代法治体系的着力点

近年来，浙江坚定不移走中国特色社会主义法治道路，高水平推进"法治浙江"建设，科学立法、严格执法、公正司法、全民守法，强化数字化对法治现代化的支撑，努力形成与数字时代相适应的现代法治体系。

一是完善地方立法体制机制。完善党委领导、人大主导、政府依托、各方参与的立法工作格局，健全科学立法、民主立法、依法立法的机制和程序，利用数字化手段扩大立法的公众参与度，扎实抓好地方法规规章的立改废释。全面落实"高质量立法、惠民立法、环保立法、弘德立法、协同立法"新理念，高水平推进重点领域立法，实现立法和改革决策有机高效衔接，以良法促进发展、保障善治。加强省人大对设区市立法工作的审查和指导，完善设区市立法工作机制，提高设区市立法能力和水平。健全地方性法规、政府规章和行政规范性文件备案审查机制。大力加强立法人才队伍建设。

二是构建优化协同高效的依法行政体制。深化机关效能建设，强化部门协调配合，深入推进简政放权、放管结合、优化服务，加快全面实现个人和企业全生命周期"一件事"全流程"最多跑一次"、机关内部"最多跑一次"。优化行政决策、行政执行、行政组织、行政监督体制，严格落实重大行政决策法定程序。深化综合行政执法体制改革，完成全省综合行政执法事项、执法力量整合，完善执法联动机制，严格规范公正文明执法，规范执法自由裁量权，加大关乎群众切身利益的重点领域执法力度。进一步完善政府权力清单和责任清单，严格执行部门"三定"规定，推进机构、职能、权限、程序、责任法定化，创新统筹利用行政管理资源的机制和方法。

三是深入推进政府数字化转型。将数字化变革性力量融入法治政府建设之中，推进职能重塑、流程再造、业务协同、效能提升，促进政务公开，提高依法行政水平，以政府数字化转型带动各领域数字化转型。健全全省统一、线上线下融合的政务服务体系，拓展完善"浙里办"功能，迭代完善"浙政钉"和咨询投诉举报平台，加快建成"掌上办事之省""掌上办公之省"，全面实现"一网通办"。加大党政机关、公共服务组织、金融机构等信息系统整合力度，在浙江省公共数据平台上构建全省统一的省域治理专题数据库、自然资源和地理空间信息库。强化基础性支撑，加快形成即时感知、高效运行、科学决策、主动服务、智能监管的新型治理形态。

四是健全社会公平正义法治保障制度。深化司法体制综合配套改革，探索构建立体化、多元化、精细化的诉讼程序体系，完善"分调裁审"工作制度，建立执行难综合治理工作机制，加强刑罚执行一体化建设。充分运用司法大数据资源，全面深化全域数字法院建设，推进移动微法院、共享法庭迭代升级，推行"指尖诉讼、掌上办案"。全面落实司法责任制，完善司法权力运行管理监督机制，切实防止冤假错案，提高司法质量、效率和公信力。加强对法律实施的监督，完善刑事、民事、行政、公益诉讼等监督体系。构建社会"大普法"格局，强化领导干部带头尊法学法守法用法，建设现代公共法律服务体系，引导全社会办事依法、遇事找法、解决问题用法、化解矛盾靠法。

建设法治中国示范区的落脚点

面对新阶段新形势，浙江必须与时俱进深化法治化改革，在笃学践行习近平法治思想、依法推进省域治理现代化、提升法治建设质量和效益、建设群众满意的法治社会、展示社会主义法治优越性上争当示范，向建设法治中国示范区的目标不断迈进，努力打造新时代全面展示中国特色社会主义法治优越性的"重要窗口"。

一是推进党的领导法治化，为法治建设提供最根本保证。落实依宪执政、依法执政、依规治党，全面推进尊规学规守规用规，推进党的全面领导入法入规入章程。完善政绩考核制度，把党政主要负责人法治建设第一责任人职责压紧压实。加大法治建设问责力度，推进法治建设内容纳入巡视巡察，加强法治督察与纪检监察的衔接联动。加强重大决策法治化改革，健全重大政策事前评估和事后评价制度，加强重大政策调整的公开听证。

二是推进权力运行法治化，落实法治建设价值追求。以"大综合一体化"行政执法改革为抓手，全面撬动法治政府建设，加快构建全覆盖的政府监管体系和全闭环的综合执法体系。纵深推进司法体制改革，健全以司法责任制为核心的司法权运行体系，统一执法司法标准，加强监督制约体系建设，提升司法质量、效率和公信力。擦亮"基层治理四平台"品牌，全面落实基层"一支队伍管执法"改革，推进乡镇（街道）合法性审查工作全覆盖，提高基层工作法治化水平。

三是推进营商环境法治化，激发法治建设内生动力。法治是最好的营商环境。加强重点领域、新兴领域立法，加强公平竞争审查，全面清理制度壁垒。实施统一的市场准入负面清单制度，实施涉企经营许可事项清单制度，持续整治变相设置许可事项行为，推进资源要素市场化配置，推动畅通双循环，构建新发展格局。全面落实"按标监管、随机抽查"的一次到位机制，对新产业新业态实施包容审慎监管，加强产权执法司法保护。建设守信践诺政府，着力打造办事效率最高、投资环境最优、群众和企业获得感最强的省份。

四是推进社会治理法治化，营造法治建设良好氛围。坚持和发扬新时代"枫桥经验"，坚持自治、法治、德治、智治"四治融合"，建设人人有责、人人尽责、人人享有的社会治理共同体。推进县级社会治理中心规范化建设，加强各级各类调解组织建设，强化诉源治理，着力构建分层过滤、衔接配套的纠纷解决体系。纵深推进社会大普法格局，推进普法守法和依法治理深度融合，加强公共信用体系建设，营造人人尊法、学法、守法、用法的社会氛围。构建依法治网新体系，加强网络领域法规制度建设，完善政府依法监管、网站自净、社会监督、网民自律等多主体协同参与的网络治理新体制，创新完善涉网新型犯罪防范打击机制，努力把浙江建设成为互联网依法治理的首善之区。

宁波市纵深推进"大综合一体化"行政执法改革,积极
打造全域"智治"平台。图为宁波市江北区全域治理运
行中心(宁波市综合行政执法指导办公室 供图)

构建良法善治新格局

章忻

法治兴则国家兴，法治强则国家强。一个地区的经济社会发展与法治建设密不可分。时针回拨到 20 多年前，彼时的浙江正处于改革发展的关键节点，如何用良法善治筑牢发展的地基？

2003 年，时任浙江省委书记习近平同志作出"八八战略"重大决策部署，其中提出"切实加强法治建设"。2006 年，浙江省委十一届十次全体（扩大）会议审议通过《中共浙江省委关于建设"法治浙江"的决定》，为"法治浙江"建设提供了行动指引。如今的浙江，大到促进民营经济发展、保护生态环境，小到快递服务、解决邻里矛盾，处处都能看到法治的作用。

立良法

良法是善治的前提，只有法律本身制定得合理，才能从根本上保障法律的权威，实现法律对社会的全面治理。

2003 年 8 月，在浙江省立法工作会议上，习近平同志指出，立法是法治的基础，立法要为发展服务，立法要有地方特色，立法要维护人民群众根本利益，立法要体现时代性。

2023年1月，浙江省第十四届人民代表大会第一次会议通过了《浙江省促进中小微企业发展条例》并于同年3月1日正式施行。该条例涉及中小微企业创业扶持、创新推动、市场开拓、财税支持等各个方面，为民营经济高质量发展提供法治护航。"法治是最好的营商环境，条例的颁布是为了提振企业的信心，给企业送上'雪中碳'、吃下'定心丸'。"省人大常委会办公厅一级巡视员尹林说。

杭州盼打科技有限公司（以下简称"盼打科技"）对此深有感触。杭州亚运会期间，亚运村里的3D打印元宇宙体验舱异常火热，而这项"黑科技"正是来自盼打科技。"能够入驻亚运会是一份'大礼包'。"盼打科技创始人李景元告诉记者。这份惊喜来自浙江省经信厅的牵线搭桥。

紧盯一个"法"字，浙江为民营企业打造了一个有规则、有预期、有未来的营商环境。早在2006年，浙江就制定施行了《浙江省促进中小企业发展条例》；2020年《浙江省民营企业发展促进条例》出台。此后，浙江审议通过了10余部与民营经济相关的地方性法规。

多年来，浙江不断加强重点领域、新型领域立法，出台了一系列在全国范围内具有创制性、辨识度的法规：全国首部数字经济促进条例、首部综合行政执法条例、首部公共数据领域的地方性法规……据统计，截至2023年，浙江共制定修订省级地方性法规213件，修改261件，为经济社会持续发展提供了有力的法治保障。

谋善治

有了良法之后，如何实现善治？习近平同志明确提出，依法规范行政权力、全面建设法治政府，是建设"法治浙江"的关键所在。

年关将近，湖州市吴兴区东大方南街店迎来了一次"大体检"。朝阳街道综合行政执法队联合消防救援等部门，对照综合检查表单，对店里的餐饮、消防等业态进行了全方位检查。

"这次'体检'是我们主动预约的，这样查一次，能让我们和顾客都安心过年，而且发现的一般性问题也不会受处罚。"店长卢珊珊说。

根据市场主体需求，提供上门的"定制化"服务，"集成改一次"是吴兴区对"大综合一体化"改革的迭代升级。在朝阳街道党工委副书记蔡仕辉看来，这解决了末端执法过程中存在的以罚代管、累罚不改的问题，做到查一次、改一类、管长效。

行政执法是否合法合理、高效便民、权责统一，这关系着法律是否能得到施行，也体现了政府的法治化程度。2015年，浙江开始推进跨部门、跨领域综合行政执法改革，划转部分执法事权归并综合行政执法部门。自此，"大综合一体化"行政执法改革成为浙江建设法治政府的金名片。2022年，浙江成为全国唯一的"大综合一体化"行政执法改革国家试点。

截至2023年，浙江省综合事项统一目录1355项，综合执法领域覆盖25个条线，基层"一支队伍"管执法实现全覆盖，市县队伍精简到799支，精简率达50%。

夯基石

收到培训机构的退款通知，小陈终于松了一口气："没想到困扰了自己几个月的退款纠纷，通过'浙江解纷码'和线上调解，仅仅花了14分钟就解决了。"

"一窗式受理、一揽子调处、全链条化解。这就是我们的工作宗旨。"杭州市上城区社会治理中心矛盾调处科副科长童玲说。

走进上城区社会治理中心，信访服务区、调解服务区、诉讼服务区依次排列。童玲告诉记者,这样做的目的是通过层层过滤,尽可能将矛盾纠纷化解在诉前。对于调解不成的纠纷,则由法官、法官助理、书记员、调解员组成的诉讼服务团队提供快速立案、快速裁判的服务,尽可能让当事人只"跑一地""跑一次"。

国家法律贯彻执行得如何,民主法治建设得如何,基层是"晴雨表"。2006年,习近平同志在杭州专题调研建设"法治浙江"工作时提出,坚持工作重心下移,把基础放在基层、重点放在基层、关爱送到基层,切实加强基层依法治理工作,不断巩固党在基层的执政基础。

在上城区人民法院立案庭副庭长陶舒雯看来,不管是常驻上城区社会治理中心,还是通过"浙江移动微法院""云上法庭"等数字化媒介进行调解,都是为了让老百姓的合理诉求随时随地得到满足。

人人都信法,凡事都讲法,矛盾自然就少了。在上城区社会治理中心入口,一张使用"全民法理通"小程序的导览图映入眼帘。"老百姓通过它,既可以了解基础的法律常识,也可以查看法律法规、法律文书等,帮助他们培育法律意识。"童玲说。

建设法治社会是构筑"法治浙江"的重要一环。从一元治理转为多元治理,从传统治理转为数字治理,从事后治理转为事先预防……一方面,浙江形成了武义村务监督委员会、宁海村级小微权力清单、桐乡"三治融合"等一批基层治理经验;另一方面,通过组成全国首个省级民法典普法讲师团、精心开展"宪法宣传周"活动等,浙江的法治氛围越发浓厚,全民尊法、学法、用法、守法意识不断增强。

风帆正扬,征程未已。透过"法治浙江"这扇窗口,一幅公平正义、高效和谐的法治中国示范区画卷正徐徐绘就。

『法治浙江』的实践经验

徐邦友 中共浙江省委党校（浙江行政学院）

2006 年 4 月，浙江省委作出建设"法治浙江"的重大战略部署。17 年来，浙江坚持将法治建设作为深入实施"八八战略"的重要内容，始终沿着习近平同志开创的"法治浙江"建设道路砥砺前行。"法治浙江"建设领导机制日益健全、总体格局基本形成、制度体系不断完善、功能作用充分发挥、先发优势逐步凸显。

"法治浙江"的实践告诉我们，法治是一种相对最优的治理范式，在法治之下才有社会的良善和谐有序，才有经济社会与文化的持续发展与繁荣；法治必须置于市场经济与民主政治的合理结构之内，实现法治与经济、法治与民主的良性互动；法治建设必须紧紧围绕中心、服务大局，从中心工作获得法治建设的强大动力，并在为中心工作的服务保障中彰显法治的权威与价值；法治建设必须坚持改革创新与依法办事的辩证统一，在法治轨道上推进改革创新不断深化。"法治浙江"的实践还告诉我们，"坚持依法治国、依法执政、依法行政共同推进，坚持法治国家、法治政府、法治社会一体建设"是一条符合中国国情、具有中国特色的社会主义法治发展之路，沿着这一道路，我们一定能够成功建设更高水平的法治中国。

"法治浙江"建设有许多值得坚持的基本经验。一是在国家法治原则精神统一的前提下，从浙江实际出发，创造性地进行法治建设实践；二是紧紧围绕中心、服务大局、突出重点，对准浙江省委重大决策部署推进法治建设；三是实行开门立法，提高立法的民主化、科学化水平；四是注重法律实施，以严格执法和公正司法促进社会良序善治；五是以科学考核和法治量化评估促进"法治浙江"建设；六是注重"法治社会化"这项基础性工作，为"法治浙江"奠定深厚的社会人文基础。

17

科教兴省
加快实现高水平科技自立自强

进一步发挥浙江的人文优势，积极推进科教兴省、人才强省，加快建设文化大省。

—— "八八战略"

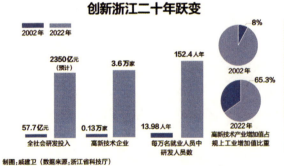

创新浙江二十年跃变

- 2002年
- 2022年

57.7亿元 → 2350亿元（预计）
全社会研发投入

0.13万家 → 3.6万家
高新技术企业

13.98人年 → 152.4人年
每万名就业人员中研发人员数

8%（2002年）
65.3%（2022年）
高新技术产业增加值占规上工业增加值比重

制图：戚建卫（数据来源：浙江省科技厅）

科创领域的历史性突破

- 国家实验室实现"从0到1"的重大突破
- 国家大科学装置（超重力离心模拟与实验装置、超高灵敏极弱磁场和惯性测量装置）和国际大科学计划（深时数字地球国际大科学计划）两类"大国重器"加快实施
- 区域创新能力从全国第6跃升到全国第4，实现历史性跨越

扫描二维码
登录潮新闻客户端
看视频

实现高水平科技自立自强的浙江担当

陈劲　清华大学技术创新研究中心

习近平同志在浙江工作期间高度重视科技创新工作，把"积极推进科教兴省、人才强省"作为"八八战略"的重要内容，高瞻远瞩地提出推进创新型省份和科技强省建设。20 年来，沿着习近平同志擘画的路径，浙江一张蓝图绘到底、一任接着一任干，创新发展取得了丰硕的成果。2022 年，浙江区域创新能力跃居全国第四、企业创新能力居全国第三，获得的国家科技奖数量居全国第三、研发人员密度居全国第三。

党的十八大以来，习近平总书记高度重视科技创新发展，围绕实施创新驱动发展战略、加快推进以科技创新为核心的全面创新，发表了一系列重要讲话，提出了一系列新思想新论断新要求，深刻阐明了科技创新在国家发展全局中的重大战略意义。习近平总书记关于科技创新的重要论述，是习近平新时代中国特色社会主义思想的重要组成部分，是马克思主义基本原理与我国创新发展实践相结合的最新理论成果，具有鲜明的继承性、时代性和引领性，蕴含着丰厚的马克思主义立场观点方法，开辟了走中国特色自主创新道路的新境界。

创新发展是实现经济高质量发展的关键

习近平同志在浙江工作期间，在许多会议和不同场合都反复强调浙江经济发展必须要"腾笼换鸟、凤凰涅槃"。2006 年 3 月 20 日，习近平同志在浙江省自主创新大会上强调："加强科技进步和自主创新，是转变增长方式，破解资源环境约束，推动经济社会又快又好发展的根本之计。""我们只有坚定不移地走自主创新之路，不断增强自主创新能力，才能突破资源环境的瓶颈制约，保持经济稳定较快增长；才能从根本上改变产业层次低和产品附加值低的状况，实现'腾笼换鸟'和'浴火重生'。"2006 年，《中共浙江省委、浙江省人民政府关于提高自主创新能力，建设创新型省份和科技强省的若干意见》和《浙江省科技强省建设与"十一五"科学技术发展规划纲要》正式出台。在习近平同志的推动下，浙江还组织实施了"八大科技创新工程"和 26 个重大科技专项。

2013 年 9 月，习近平总书记在十八届中央政治局第九次集体学习时指出，从国内看，创新驱动是形势所迫。2014 年 12 月，习近平总书记在中央经济工作会议上指出，从生产要素相对优势看，过去劳动力成本低是最大优势，引进技术和管理就能迅速变成生产力，现在人口老龄化日趋发展，农业富余劳动力减少，要素的规模驱动力减弱，经济增长将更多依靠人力资本质量和技术进步，必须让创新成为驱动发展新引擎。

当前，浙江经济发展已由高速增长阶段转向高质量发展阶段。高质量发展，就是要让创新继续成为经济社会发展的主题，成为经济增长的主要动力，从而大幅度提升产业的国际竞争力。

科技自立自强是提升创新发展水平的关键

在两院院士大会、中国科协第十次全国代表大会上，习近平总书记提出"实现高水平科技自立自强"这一新使命。科技自立自强是解决国家迫切需求、积极顺应科技创新变革、应对日益复杂的国际态势所作出的重大战略选择。进入新发展阶段，必须坚持把高水平科技自立自强作为引领高质量发展的核心驱动力，为全面建成社会主义现代化强国提供基础性、战略性支撑。从内因上看，我国科技创新发展现在正处于从量的积累向质的飞跃、点的突破向系统能力提升的重要时期。目前，我国科技创新短板突出，基础研究仍有待突破，关键核心技术受制于人的局面没有得到根本性改变，存在企业自主创新能力不足、科技对经济社会发展的全面支撑能力须进一步提升等多种问题。从外因上看，在新一轮科技革命和产业革命背景下，科研范式不断变革，理论突破须跨学科、跨领域共同支撑。国际形势不确定不稳定因素增加，国际科技创新竞争态势激烈，前沿技术、颠覆性技术已成为大国博弈的主场地。

科技自立自强是指一个国家在关键核心技术领域能够独立研究开发，实现自主可控，能开发重要装备，能建设重大工程，最终得以支撑本国的经济社会实现高质量发展，强调在重大科技领域和关键核心技术领域能够起到引领和主导作用。"科技自立"强调的是科技创新的安全性，特别是产业链、供应链的自主、安全、可控。"科技自强"则是指科技创新的引领性，更加强调"从0到1"的突破，强调通过原始创新、未来技术形成战略性新兴产业和未来产业，塑造经济发展的新优势。

面对全球新一轮科技革命与产业变革带来的重大机遇和挑战，浙江要坚持走中国特色自主创新道路，把科技自立自强作为发展的战略支撑。习近平总书记指出，国际竞争历来就是时间和速度的竞争，谁动作快，谁就能抢占先机，掌控制高点和主动权；谁动作慢，谁就会丢失机会，被别人甩在后边。在浙江未来的发展过程中，要组织力量努力突破"卡脖子"的关键核心技术，着力解决一批影响和制约国家发展全局和长远利益的重大科技问题，同时也要瞄准世界科技前沿和顶尖水平，把创新主动权、发展主动权牢牢掌握在自己手中，锻造"撒手锏"，练就"独门绝技"。

四大举措推动实现高水平科技自立自强

一是持续深化体制改革。党的十八大以来，以习近平同志为核心的党中央坚持以深化改革激发创新活力，科技体制改革全面发力、多点突破、纵深发展，涉及范围之广、出台方案之多、触及利益之深、推进力度之大前所未有。我国不断加快科技体制改革步伐，坚持科技创新和制度创新"双轮驱动"，着力解决"谁来创新""如何激发创新动力"等问题，不断构建面向全面创新的基础制度建设。"八八战略"的第一条就提出"进一步发挥浙江的体制机制优势"。浙江要以加快推动实现高水平科技自立自强为契机，从顶层设计、领导体系、管理体制、运行机制、要素配置、评价体系等方面统筹推进科技体制、财政体制、金融体制、教育体制等改革，从法律和制度上进一步明确政府、市场、社会的权限边界，进一步健全有效市场和有为政府更好结合的科技攻关体制，强化系统组织、跨界集成的能力。要进一步形成创新友好的金融制度，强化科技立法工作，形成全社会高效率高质量高水平推进科技自立自强的强大合力。

二是加快培育科技领军企业。科技领军企业是指具有明确的科技创新战略及完善的组织体系，科技创新投入水平高，在关键共性技术、前沿引领技术和颠覆性技术方面取得明显优势，能够引领和带动产业链上下游企业、有效组织产学研力量实现融通创新发展，并在产业标准、发明专利、自主品牌等方面居于同行业领先地位的创新型企业。发挥科技领军企业创新资源优势，可以进一步增强我国产业的自主创新能力及核心竞争力，打造原创技术策源地。民营经济是浙江的金名片，今后要进一步鼓励优秀民营企业面向国家战略需求，充分利用市场机制优化配置创新资源，加强产学研协同创新、大中小企业融通创新、国企民企合作创新，形成高能级创新联合体，加快进行产业共性技术"卡脖子"问题的攻关，切实保障产业链安全，提升供应链韧性水平。要进一步鼓励平台企业走创新发展的道路，从"流量"带动转为"科技"驱动，进一步加大平台企业对基础研究、核心技术攻关的研发投入，进一步加强商业模式创新，特别是带动科技型中小企业走"专精特新"发展道路，形成合力，牢牢掌握产业发展主动权，形成平台企业和平台经济发展的新格局。

三是加快培育国家战略科技力量。习近平总书记强调，要突破自身发展瓶颈、解决深层次矛盾和问题，根本出路就在于创新，关键要靠科技力量。国家战略科技力量是科技强国建设的"定海神针"，是保障经济安全的"压舱石"，是科技前沿探索的"启明星"，是培育新兴产业的"播种机"，在国家科技创新体系中发挥战略支撑、前瞻引领、原始驱动、源头供给作用。实现高水平科技自立自强，归根结底要靠强大的国家战略科技力量、高水平科技创新人才，加紧布局并成功实施一批战略性科学计划和工程。更好地发挥新型举国体制的优越性，针对国家实验室、国家科研机构、高水平研究型大学、科技领军企业等不同创新主体进行系统规划，使之协同发展。习近平同志在浙江工作期间亲自协调，组织引进清华大学、中国科学院等大院名校与浙江共建创新载体，有力地增强了浙江的自主创新能力。在新发展阶段，浙江应进一步重视国家科技机构的引进，建设好现有的国家科技机构，并进一步建设好各类高端实验室，稳步推进基础研究原始创新工作。"八八战略"的第八条是"进一步发挥浙江的人文优势，积极推进科教兴省、人才强省，加快建设文化大省"，浙江要始终牢记"科教兴省"的战略方针，进一步建设好浙江高水平综合性大学和各类行业特色大学。

四是持续发扬与时俱进的浙江精神。"八八战略"以制度创新为先导，以特色产业发展、城乡协调发展、生态文明建设等为内容，以文化发展为支撑，体现了极为先进的中国特色社会主义的区域实践经验。改革开放以来，浙江人民之所以能创造世界瞩目的"浙江奇迹"，其根源在于具有浙江区域特色的"浙江精神"。习近平同志在浙江工作期间，始终以红船精神和浙江精神为引领，强化创新发展的精神动力。我们要进一步营造创新氛围，团结动员广大科技工作者、企业家和社会各界瞄准世界科技前沿和国家重大需求，在科技创新方面敢于走前人没走过的路，在努力突破"卡脖子"的关键核心技术、着力解决一批影响和制约国家发展全局和长远利益的重大科技问题上争做先锋，加快实施一批具有战略性、全局性、前瞻性的国家重大科技项目，在全球新一代人工智能、新能源、新材料、生物医药等具有"幂数效应"的前沿技术领域制高点上走在世界前列，不断加大科技自立自强建设步伐，再创浙江经济社会发展新辉煌。

杭州城西科创大走廊（董旭明 摄）

让"第一动力"更加澎湃

肖国强　周松华　李茸

2003年，时任浙江省委书记习近平同志作出"八八战略"重大决策部署，强调要积极推进科教兴省、人才强省；2006年，习近平同志主持召开浙江省自主创新大会，提出"用15年的时间使我省进入创新型省份行列，基本建成科技强省"的战略目标……

20年来，浙江深入实施科技创新和人才强省首位战略，大力推进三大科创高地和创新策源地建设，在全国创新版图中稳居第一方阵。

搭平台，重塑战略科技力量

习近平总书记指出，世界科技强国竞争，比拼的是国家战略科技力量。国家实验室、国家科研机构、高水平研究型大学、科技领军企业都是国家战略科技力量的重要组成部分，要自觉履行高水平科技自立自强的使命担当。

作为浙江十大省实验室之一的西湖实验室，是2020年7月由浙江省政府批准设立的首批省实验室。实验室有关负责人告诉记者，近年来，西湖实验室围绕代谢与衰老疾病和肿瘤机制研究，通过跨学科研究与跨领域协同创新，已先后涌现出一批重大原创成果，在顶尖学术期刊《细胞》《自然》《科学》上发表论文 19 篇，由第一作者或通讯作者单位累计在国际高水平期刊发表论文 270 篇。

20 年来，浙江高度重视源头创新，以超常规举措打造高能级科创平台，实现战略科技力量系统性重塑。

省校合作引入"超级大脑"。2003 年，习近平同志亲自谋划决策，促成浙江省与清华大学省校合作，成立浙江清华长三角研究院。之后，浙江又先后引进中国科学院宁波材料技术与工程研究所、中国科学院医学所、北京航空航天大学杭州创新研究院等一批高水平创新载体。

重大平台服务"国之大者"。浙江以"四个面向"的使命担当，全力打造国家实验室、国家大科学装置、省实验室、省技术创新中心、新型研发机构等科创平台，为高水平科技自立自强赋能。今天，杭州城西科创大走廊成为培育战略科技力量的主平台，国家实验室实现零的突破，之江实验室成功纳入国家实验室体系，西湖实验室、浙江大学脑机交叉研究院加快纳入国家实验室体系，10 家省实验室和 10 家省技术创新中心完成布局，超重力离心模拟与实验装置、超高灵敏极弱磁场和惯性测量装置两个大科学装置获批建设。

在高能级科创平台的驱动下，一大批原创性标志性重大科技成果喷薄而出。全球首次成功解析新冠病毒细胞表面受体（ACE2）的空间结构和全病毒精细三维结构，软体机器人首次在万米深海自主遨游，飞机数字化装配技术、飞天云计算操作系统等相继取得突破，展现了高水平科技自立自强的浙江担当。

育主体，构建区域创新体系

在浙江工作期间，习近平同志明确指出，我们建设创新型省份，关键是要让企业成为技术创新的决策主体、投入主体、利益主体和风险承担主体，建立以企业为主体、市场为导向、产学研相结合的开放型区域创新体系。按照这一要求，浙江充分发挥市场集聚和配置创新资源的决定性作用，不断强化企业的创新主体地位，帮助企业增强技术创新能力。

在海天塑机集团有限公司车间里，海天塑机技术中心副总监焦晓龙正和宁波市塑料注射成型装备产业链创新联合体的同事一起，讨论接下来要解决的科技难题。

海天塑机集团不仅坚持每年投入销售收入的5%左右用于技术研发，还与国内知名高校强化产学研合作，成长为国家级制造业单项冠军企业。两年多以前，他们还联合中国科学院宁波材料所、浙江大学、北京化工大学等高校院所以及产业链相关企业，组建了拥有近百名科研人员的创新联合体。

"创新联合体的任务，就是瞄准关键核心技术展开攻关。"焦晓龙说。经过近两年的攻关，公司在高端注塑机伺服控制系统、注塑成型工艺、装备智能化等技术领域取得重大突破，实现了零部件的自主可控。

海天塑机集团的嬗变，是浙江省企业创新主体地位不断凸显、技术创新能力不断提升的生动写照。

从数量上看，经过连续多年的悉心培育，浙江省科技型企业迅速成长壮大，国家高新技术企业达3.6万家，省科技型中小企业达9.8万家。从实力上看，企业技术创新能力已连续7年位居全国第三位，企业的研发投入、研发人员、研发机构、承担的科技项目、授权专利均占浙江省的80%~90%。

科技型企业的加速涌现，及其集聚的大量创新要素，让产学研的相互结合更为紧密、开放型区域创新体系加速形成。20年来，浙江省高新技术产业增加值占规模以上工业增加值比重从8%提高到65.3%，区域创新能力不断攀升。

优环境，打造最优创新生态

良好的政策环境和鼓励创新的文化氛围，是加强科技进步、增强自主创新能力的基础保障。20年来，浙江持续深化科技体制改革，全力打造最优创新生态，让自主创新的源泉充分涌动。

敞开大门引人才。实施"鲲鹏行动"计划、海外引才计划等国家和省级人才工程，推动高层次人才引进提速。近年来，累计引进海外工程师1433人，每万名就业人员中研发人员数增至20年前的10.9倍。

创新机制用人才。在人才评价上，对基础研究人才、应用研究人才等各类人才探索开展多元化评价方式，使从事基础研究、前沿科学研究的人员专注于"仰望星空"，从事应用型技术研究的人员多出成果、出大成果；在职称评定上，试点开展自然科研系列职称制度改革，由试点单位自主评聘科研人员职称，并首次将自主评聘范围扩大到企业；在科研放权赋能上，持续实施科研人员减负行动，赋予科研人员更大的人财物支配权和技术路线决策权。

营造氛围激人才。浙江省委、省政府高规格召开全省科技创新大会、省委人才工作会议等，营造尊重人才、激励创造、鼓励创新的良好氛围。在浙江省开展科学家精神培育基地建设工作，弘扬钱学森、竺可桢、苏步青等一大批浙籍名家的科学家精神，激发科研人员投身创新的精气神。

创新是第一动力。如今，一幅加快打造高水平创新型省份的生动画卷正在之江两岸尽情铺展。

以创新驱动发展

包海波　浙江省『八八战略』创新发展研究院

20年来，浙江忠实践行"八八战略"，走出了一条具有浙江特色的创新驱动发展之路。

一是坚持问题导向，不断补足创新短板。习近平同志在浙江工作期间，着眼于补齐浙江创新能力不足这一短板，推动实施"引进大院名校，共建创新载体"计划，提升浙江自主创新能力，促进经济转型升级。20年来，从实施"八大科技创新工程"到打造"互联网＋"、生命健康、新材料三大科创高地着力补"高新产业短板"，实施"双倍增"行动计划补"科技企业短板"，建设杭州城西科创大走廊补"城市创新短板"，浙江创新驱动发展模式探索之路豁然开朗。

二是坚持系统思维，扎实推进区域创新体系建设。浙江切实加强党对科技工作的全面领导，坚持整体谋划，不断健全上下贯通的统筹协调机制，通过完善目标体系、工作体系、政策体系、评价体系，推进科创走廊、自主创新示范区、高新区协同联动发展格局全面形成，构建"产学研用金，才政介美云"十联动的创新创业生态，不断开创人才链、创新链、产业链、资金链、政策链相互交织相互支撑的生动实践。

三是坚持久久为功，如期建成创新型省份。从 2003 年作出"八八战略"战略部署，强调要积极推进科教兴省、人才强省，到 2006 年提出要用 15 年时间建成创新型省份，基本建成科技强省，充分彰显了习近平同志高瞻远瞩的战略眼光和久久为功的战略定力。在推进科技创新过程中，浙江历届省委、省政府始终坚持一张蓝图绘到底、一任接着一任干，从理念到目标再到行动构建起了完整的实施体系，如期建成创新型省份，开启了建设高水平创新型省份、建设科技强省的新实践。

18

文化浙江
积极探索中华民族现代文明建设

进一步发挥浙江的人文优势，积极推进科教兴省、人才强省，加快建设文化大省。

——"八八战略"

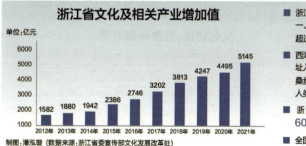

浙江省文化及相关产业增加值

单位：亿元

2012年	1582
2013年	1880
2014年	1942
2015年	2386
2016年	2746
2017年	3202
2018年	3813
2019年	4247
2020年	4495
2021年	5145

制图：潘泓骏（数据来源：浙江省委宣传部文化发展改革处）

■ 浙江文化研究工程已经开展第一、第二期工程，出版学术著作超过**1700**部

■ 西湖、中国大运河、良渚古城遗址入选世界文化遗产。"中国蚕桑丝织技艺"等**11**个项目入选人类非遗

■ 浙江省拥有规上文化企业**6068**家，上市文化企业**45**家

■ 全国文明城市数量达**27**个

扫描二维码
登录潮新闻客户端
看视频

从建设文化大省到担负新的文化使命

陈立旭　中共浙江省委党校（浙江行政学院）

党的十八大以来，习近平总书记系统总结新时代党领导文化建设的实践经验，提出了一系列关于文化建设的新思想新观点新论断，深刻回答了新时代我国文化建设举什么旗、走什么路、坚持什么原则、实现什么目标等根本问题，丰富和发展了马克思主义文化理论，构成了习近平新时代中国特色社会主义思想的文化篇，形成了习近平文化思想，为担负起新时代新的文化使命提供了科学行动指南，为创造人类文明新形态、引领世界文明发展进步贡献了中国智慧。习近平文化思想的形成有其深刻的历史逻辑、理论逻辑和实践逻辑，其中很多重要观点和论断，都能在浙江发现原点、找到根源。

高度重视文化力量

进入 21 世纪以来，浙江主要发展指标已位居全国前列，同时也面临"先发的难题""成长的烦恼""先天的不足"。在新的历史条件下，浙江能否破解发展"瓶颈"，实现新的"突围"，继续走在全国前列，很大程度上取决于对发展先进文化的深刻认识和高度自觉、对文化建设工作的推进力度。习近平同志对此有深刻的认识，他指出，浙江老百姓聪明，干部精明，出的招数很高明。其背后是浙江的人文优势，是深厚的文化底蕴和"浙江精神"在起作用。

2003 年 7 月，习近平同志把加快建设文化大省纳入"八八战略"总布局中进行谋划部署。2005 年出台的《中共浙江省委关于加快建设文化大省的决定》，系统阐述了加快建设文化大省的时代背景、战略意义、指导思想、总体目标、主要任务和保障措施，作出了"三个力"和"八项工程"的战略部署，即着眼于增强先进文化的凝聚力、解放和发展文化生产力、提高社会公共服务能力，重点实施文明素质工程、文化精品工程、文化研究工程、文化保护工程、文化产业促进工程、文化阵地工程、文化传播工程、文化人才工程。该决定把文化理论观点上的创新突破与文化工作布局上的部署要求有机地贯通在一起，使"八八战略"中"加快建设文化大省"的决策部署系统化和具体化了。同时，习近平同志从践行与时俱进的马克思主义理论品质、推动浙江发展新实践出发，提出要与时俱进地培育和弘扬"求真务实、诚信和谐、开放图强"的浙江精神，以此激励人民"干在实处、走在前列"。

加快建设文化大省和与时俱进地弘扬浙江精神两者同条共贯，聚焦于打造推动浙江新一轮发展的"文化支撑力"，鲜明体现了习近平同志对文化力量的高度重视。此后，历届浙江省委一张蓝图绘到底、一任接着一任干，不断推动文化繁荣兴盛，为打造"重要窗口"、争创社会主义现代化先行省、高质量发展建设共同富裕示范区提供了强大的文化支撑。

立足浙江跳出浙江

在浙江工作期间，习近平同志已经将浙江一地文化建设的思考和探索，与发展和创新中国文化、发展中华文明现代形态的思考和探索紧密地联系在了一起。

他在《浙江文化研究工程成果文库总序》中说，区域文化如同百川归海，共同汇聚成中国文化的大传统，这种大传统如同春风化雨，渗透于各种区域文化之中。他认为，从区域文化入手，对一地文化的历史与现状展开研究，是深入了解中国文化、研究中国文化、创新中国文化的重要途径之一。

习近平同志关于文化的思考与实践，在聚焦浙江的同时又跳出浙江。他提出，文化是民族的灵魂，是维系国家统一和民族团结的精神纽带，是民族生命力、创造力和凝聚力的集中体现；文化的力量，或被我们称之为构成综合竞争力的文化软实力，总是"润物细无声"地融入经济力量、政治力量、社会力量之中，成为经济发展的"助推器"、政治文明的"导航灯"、社会和谐的"黏合剂"；文化多样性是客观存在的，每种文明和文化都是在特定的地理环境和特定的人群中产生和发展的，都应该获得同等的尊重和人类共同的保护；等等，都站在了国家发展的高度、拥有了国际视野的广度。

思想观点一脉相承

习近平同志在浙江工作期间关于文化建设的深入思考和在探索中形成的思想观点和论断，与习近平文化思想之间具有内在的联系，既一脉相承、又与时俱进地创新发展。

第一，坚持以人民为中心。在浙江工作期间，习近平同志提出了文化建设"以人为本"的理念，强调文化是实现人的全面发展的决定性因素。丰富健康的文化生活是衡量人们生活质量的重要标志。要把发展先进文化的要求落实到文化建设的各项工作中，建立科学的文化体制，创造丰富的文化产品，提供优良的文化服务，实现好维护好发展好人民群众的文化利益。党的十八大以来，习近平总书记深刻阐明了文化建设必须坚持为人民服务、为社会主义服务这个根本方向，强调坚持以人民为中心的创作导向，把社会效益放在首位，推出更多增强人民精神力量的优秀作品。

第二，坚守文化自信。在浙江工作期间，习近平同志深入思考并阐述了传承与弘扬浙江区域优秀传统文化的意义和价值，强调悠久深厚、意韵丰富的浙江文化传统，是历史赐予我们的宝贵财富，也是我们开拓未来的丰富资源和不竭动力。党的十八大以来，习近平总书记把文化自信与道路自信、理论自信和制度自信提升到同一高度。他强调，自信才能自强。有文化自信的民族，才能立得住、站得稳、行得远。要把文化自信融入全民族的精神气质与文化品格中，养成昂扬向上的风貌和理性平和的心态。使中华民族最基本的文化基因同当代中国文化相适应、同现代社会相协调，把跨越时空、超越国界、富有永恒魅力、具有当代价值的文化精神弘扬起来，激活其内在的强大生命力，让中华文化同各国人民创造的多彩文化一道，为人类提供正确的精神指引。

第三，传承好保护好文化遗产。在浙江工作期间，习近平同志高度重视优秀传统文化的传承、保护和发展，将之作为浙江人民的共同事业、全省各级党委和政府的重要使命和职责。他指出，要正确处理文化遗产保护和经济社会发展的关系，正确处理文化遗产保护、传承与管理、利用的关系；增强公众对文化遗产的认识和了解，努力形成全社会共同参与文化遗产保护的良好氛围，进而更好地熟悉中华历史，传承中华文明，弘扬中华文化，不断激发民族自豪感和爱国热情。党的十八大以来，习近平总书记从留住文化根脉、守住民族之魂、传承中华文明的战略高度，把历史文化遗产保护利用工作摆到更加突出的位置。他强调，文物承载灿烂文明，传承历史文化，维系民族精神。历史文化遗产不仅生动述说着过去，也深刻影响着当下和未来；不仅属于我们，也属于子孙后代。保护好、传承好历史文化遗产是对历史负责、对人民负责。

第四，深化文化体制改革。在浙江工作期间，习近平同志从革除影响发展的体制弊端、营造文化发展良好环境、解放和发展文化生产力的高度，阐述了深化文化体制改革的目标和意义，从宏观和微观两方面描绘了文化体制改革的蓝图和顶层设计。党的十八大以来，习近平总书记高度重视解放和发展文化生产力，强调坚持把社会效益放在首位、社会效益和经济效益相统一，深化文化体制改革，完善文化经济政策。

第五，牢牢把握意识形态指导地位。在浙江工作期间，习近平同志高度重视文化鲜明的意识形态属性，强调必须坚持马克思主义在意识形态领域的指导地位，坚持党管意识形态不动摇。党的十八大以来，习近平总书记强调，在坚持以马克思主义为指导这一根本问题上，我们必须坚定不移，任何时候任何情况下都不能动摇。把握好意识形态属性和产业属性、社会效益和经济效益的关系，始终坚持社会主义先进文化前进方向，始终把社会效益放在首位。无论改什么、怎么改，导向不能改，阵地不能丢。

第六，坚持物质文明和精神文明协调发展。在浙江工作期间，习近平同志指出，物质文明与精神文明要协调发展。物质文明的发展会对精神文明的发展提出更高的要求，尤其是经济的多元化会带来文化生活的多样化，只有把精神文明建设好，才能满足人民群众多样化的精神文化生活需求。党的十八大以来，习近平总书记从推进强国建设、民族复兴高度阐发了推动物质文明和精神文明协调发展的意义，强调中国式现代化是物质文明和精神文明相协调的现代化。物质富足、精神富有是社会主义现代化的根本要求。物质贫困不是社会主义，精神贫乏也不是社会主义。我们不断厚植现代化的物质基础，不断夯实人民幸福生活的物质条件，同时大力发展社会主义先进文化，加强理想信念教育，传承中华文明，促进物的全面丰富和人的全面发展。

担当使命作出贡献

习近平总书记 2023 年 9 月考察浙江时要求浙江在建设中华民族现代文明上积极探索，为浙江打造高水平文化强省提供了根本遵循。浙江要更好地担负起新时代新的文化使命，在推进共同富裕先行和中国式现代化先行中推动文化先行，不断夯实中国式现代化浙江实践的文化根基。

要增强在建设中华民族现代文明上积极探索的自觉性，全面实施中华民族现代文明建设浙江探索"十大行动"；要在赓续历史文脉上久久为功，通过对浙江区域文化底蕴的深入挖掘，用带有浙江特点的优秀文化丰富中华优秀传统文化内涵；要强化精神新引领，把新时代与时俱进地弘扬浙江精神作为弘扬中国精神的重要组成部分，作为弘扬以爱国主义为核心的民族精神、以改革创新为核心的时代精神在浙江的生动体现；要创新公共文化服务内容和方式，形成更优的公共文化服务治理结构，推进公共文化服务提质增效；要进一步提升浙江文化产业的整体实力和竞争力，使浙江文化事业和文化产业发展继续走在全国前列；要在促进中华文明与世界其他文明交流互鉴上积极探索，为坚守中华文化立场，加快构建中国话语和中国叙事体系，讲好中国故事、传播好中国声音，展现可信、可爱、可敬的中国形象，贡献浙江智慧和力量。

良渚古城遗址公园（董旭明　摄）

文化铸魂，凝聚磅礴力量

周宇晗　郑思舒

"政治是骨骼，经济是血肉，文化是灵魂。"世纪之交，时任浙江省委书记习近平同志敏锐感知文化对于经济社会发展的独特作用，强调进一步发挥浙江的人文优势，把"加快建设文化大省"纳入"八八战略"总布局。20 年来，浙江文化建设加速推进，与经济发展、社会进步相得益彰。

2023 年 9 月，习近平总书记在浙江考察时，要求浙江在建设中华民族现代文明上积极探索。面对新时代新的文化使命，浙江着力探寻历史文化与现代文明融合共生之道，传承中华文脉、强化精神引领、创新文化供给，不断壮大文化支撑力，为"两个先行"提供更基本、更深沉、更持久的力量。

赓续历史文脉

"池中寺粮仓、陆城门、莫角山宫殿等参访点都是在遗址上建成的。"站在池中寺粮仓的金色稻垛前，良渚古城遗址公园工作人员李艳介绍说。

文化遗产是中华文脉世代赓续的证明。2003 年 7 月，时任浙江省委书记习近平同志赴良渚遗址调研，叮嘱道："良渚遗址是实证中华五千年文明史的圣地，是不可多得的宝贵财富，我们必须把它保护好。"他两次亲赴现场调研、多次就良渚遗址保护和申遗工作作出重要指示。2019 年，良渚古城遗址被列入《世界遗产名录》。

"良渚文化是中华文明五个突出特性的重要源头之一。"杭州良渚遗址管理区管委会办公室副主任陈道亮说。如今，良渚遗址已写入统编《中国历史》教科书，全国中学生都可以通过课本了解良渚对于中国历史文化的深远意义；良渚遗址展览作为"何以文明——中华文明探源工程成果数字艺术大展"的重要内容，在全球巡展；在第三届"一带一路"国际合作高峰论坛开幕式上，习近平主席宣布，中方将举办"良渚论坛"，深化同共建"一带一路"国家的文明对话。2023 年 12 月 3 日，首届"良渚论坛"在杭州举办。

身处闹市的中国大运河（杭州段），则在"活化"上做文章。习近平同志曾指示要让运河成为"人民的运河""游客的运河"。杭州一方面继续发挥大运河航运、灌溉、调水等功能，另一方面对沿线人文和工业遗存进行再利用，积极建设大运河文化带和大运河国家文化公园。

始建于明朝的拱宸桥，见证了当年舳舻千里的盛况。随着拱宸桥所在的桥西历史文化街区被列为运河综合保护工程的重点项目，老街古桥迎来新的生机。"原有的'街巷里弄'格局不变，近代以来的工业厂房则被改成了杭州工艺美术博物馆群，里面还能举办非遗教学、体验、工艺表演等活动。"杭州运河集团文化旅游有限公司总经理助理智晨岩介绍道。

深厚的文化底蕴，是文化支撑力的源头活水。近年来，浙江大力发掘文化资源，推动中华优秀传统文化创造性转化、创新性发展。浙江文化研究工程摸清文化家底，结出"中国历代绘画大系"等硕果；上山遗址、河姆渡遗址、良渚古城遗址等得到系统性保护利用；越剧、婺剧等传统地方戏曲出海，向世界讲述中国故事……浙江区域文明标识越擦越亮，为中华文脉传承写下生动注脚。

强化精神引领

资源禀赋并不优越的浙江，何以脱颖而出，成为全国经济最活跃、发展最均衡的省份之一？

从"义利并举、经世致用"的浙东学派，到"走遍千山万水，想尽千方百计，说尽千言万语，吃尽千辛万苦"的"四千精神"，浙江人自有一股精气神。进入新世纪，习近平同志高度重视精神引领，从浙江的改革发展实践中，进一步提炼出与时俱进的浙江精神——"求真务实、诚信和谐、开放图强"。"浙江精神对浙江经济、政治、文化、社会、生态文明建设均发挥了强大作用。"浙江省人民政府参事胡坚深有感触，在浙江精神的引领下，大家的思想更加统一，目标更加坚定，步伐更加一致。全省上下心齐、气顺、劲足、实干，形成了经济社会协调发展、现代化建设全面推进的生动局面。

近年来，在大力弘扬浙江精神的同时，浙江还立足"重要萌发地"这一优势，做深做实铸魂溯源走心三大工程，用党的创新理论凝心铸魂。

2023 年 6 月，湖南籍外卖小哥彭清林勇救落水女子的视频刷爆网络。谈及为什么选择到杭州打拼，他说："我第一次来杭州时，发现车辆会礼让行人。"

确实，浙江的精神文明建设既能催人奋进，也有共建共享的脉脉温情。斑马线礼让行人、图书馆向拾荒者开放等成为具有全国影响力的文明品牌，"浙江有礼"省域文明新实践有序推进，最美现象从"盆景"变为"风景"，全国文明城市创建实现设区市"满堂红"……

浙江省委十五届四次全会旗帜鲜明地指出，在构建以精神富有为标志的文化发展模式上积极探索，提升中华文明的塑造力。"润物无声"的精神文明，正点亮浙江文化支撑力的内核。

创新文化供给

以人民为中心是文化建设的价值取向。文化支撑力，还体现在文化产品的供给质量上，落脚于民众的文化获得感和幸福感。

早在2005年，《中共浙江省委关于加快建设文化大省的决定》就提出要增强先进文化的凝聚力、解放和发展文化生产力、提高社会公共服务能力。多年来，浙江持续推进文化体制改革，繁荣文化事业、发展文化产业。

2023年8月29日，总建筑面积32.1万平方米的之江文化中心正式启用。该中心包括浙江省博物馆之江新馆、浙江图书馆之江新馆、浙江省非物质文化遗产馆、浙江文学馆和配套的公共服务中心，是全国体量最大的省级公共文化设施集聚群，成为新的浙江文化地标。

除了打造之江文化中心、杭州国家版本馆等文化地标，为群众带来高品质生活新空间外，浙江还扎实推进基本公共文化服务标准均等化，已建成1.2万个"15分钟品质文化生活圈"，农村文化礼堂实现500人以上行政村全覆盖，让公共文化服务触手可及。

浙江活跃的市场经济，让文化创新有了更多可能。

在杭州亚运会开幕式上，火炬塔形似钱江潮涌，蜷曲时如云似浪，舒展时澎湃汹涌。"为了诠释好这一浙江文化意象，我们修改了几十个版本。"浙江大丰实业股份有限公司执行董事丰嘉隆不无自豪地说。

靠文体旅产业起家的大丰，2017年开始向数字内容创意与运营管理领域转型，为杭州、无锡、海口等地提供文体旅产业整体集成方案，还多次亮相北京冬奥会等国际舞台，入选首批单体类国家文化和科技融合示范基地。

大丰的成功，是浙江文化产业迅速发展的缩影。近 20 年来，浙江文化及相关产业增加值从 442 亿元增长至 5145 亿元，占 GDP 比重从 3.8% 增长至 6.95%。文化与旅游、科技、金融、创意等深度融合，催生出新场景、新业态、新增长点。

在现代化先行中实现文化先行，在共同富裕中实现精神富有。浙江将继续夯实文化根基，推动文化大省向文化强省跃升。

拓思路辟新径

郝立新 中国人民大学

　　"八八战略"开启了中国式现代化的省域先行实践，建设文化大省是其中的重要内容。经过 20 年的探索实践，浙江逐渐形成了文化建设的"浙江经验""浙江模式"。新时代新征程上，浙江要明确新优势、查找新短板、出台新举措，在建设中华民族现代文明上继续积极探索。

　　首先，要把落实"八八战略"同践行习近平文化思想紧密结合起来。一要坚守文化自信。浙江是中华文明的重要发祥地之一，拥有极为深厚的文化积淀、悠久而独特的区域优秀传统文化，要继续发挥这些文化优势，保护和开发利用好历史文化资源。二要秉持开放包容，扩大国内国际交流。既要学习借鉴兄弟省市的先进经验，又要学习借鉴世界文明先进成果。三要坚持守正创新。既要继承过去的正确观念和做法，又要结合新情况新问题，开拓思路、开辟新径。

　　其次，要立足中国式现代化实践、结合浙江历史文化特点、聚焦文化强省建设目标。一是把文化建设融入到推进中国式现代化的总体过程中，实现物质文明与精神文明协调发展，物质生活富裕与精神生活富裕有机统一的共同富裕。二要激活浙江地域的历史文化资源，推动优秀传统文化的创造性转化和创新性发展，要向全国、向世界讲好浙江的历史文化故事和现代人文故事，全面展示浙江文化形象。三要开辟文化发展新路。例如，结合浙江经济发达、文化厚重的特点，探索以文化与经济深度结合为特点的人文经济发展模式；利用各地历史传统文化特色，探索建设文化书院、开发历史文化和红色文化旅游活动新品牌。

19

平安浙江
从"小治安"到"大平安"

2004 年 4 月，习近平同志主持召开建设"平安浙江"工作座谈会，强调要按照"八八战略"的总体部署，大力建设"平安浙江"。同年 5 月 10 日至 11 日，浙江省委召开十一届六次全会，作出了建设"平安浙江"、促进社会和谐稳定的决定。

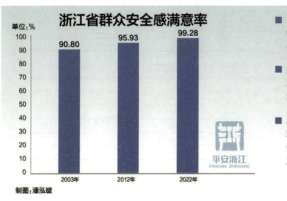

浙江省群众安全感满意率

单位：%

2003年	2012年	2022年
90.80	95.93	99.28

平安浙江
PINGAN ZHEJIANG

制图：潘泓璇

■ 2021年，浙江省11个设区市、90个县（市、区）均获得平安市县称号，实现"大平安"全覆盖

■ 2022年，浙江省群众安全感满意率达99.28%，高于全国平均值1.13个百分点

■ 2022年，在浙江省县级社会治理中心，人民调解员协助职能部门接待群众75.57万人次，调处成功率高达94.4%

扫描二维码

登录潮新闻客户端

看视频

从"平安浙江"到"更高水平的平安中国"

封丽霞　中共中央党校（国家行政学院）政治和法律教研部

习近平总书记强调，平安是老百姓解决温饱后的第一需求，是极重要的民生，也是最基本的发展环境。党的二十大报告明确指出，国家安全是民族复兴的根基，社会稳定是国家强盛的前提。在推进中国式现代化的新征程中，必须把平安中国建设贯穿党和国家工作各方面全过程，以"更高水平的平安中国"确保国家安全和社会稳定，以新安全格局保障新发展格局。

"平安中国"建设萌芽于浙江省"大平安"建设理念。习近平同志在浙江工作期间，浙江省委十一届六次全会提出按照"八八战略"的总体部署，大力建设"平安浙江"，努力促进社会和谐稳定的目标。浙江成为全国最早提出并全面部署"大平安"建设战略的省份，正式开启"平安浙江"建设新征程。时任浙江省委书记习近平同志深刻指出："我们提出的'平安'，不是仅指社会治安或安全生产的狭义的'平安'，而是涵盖了经济、政治、文化和社会各方面宽领域、大范围、多层面的广义'平安'。""大平安"建设战略理念由此诞生，成为贯穿"平安浙江"建设始终的战略性、系统性、前瞻性的理念指导。

"平安浙江"：从"小治安"到"大平安"

从 2004 年习近平同志高瞻远瞩作出建设"平安浙江"的重大决策部署以来，浙江持续深化"平安浙江"建设，跳出"小治安"，建设"大平安"，始终坚持"大平安"建设战略理念，把平安建设贯穿社会治理的方方面面，真正从治安上升为治理，走出了一条独具浙江特色的平安建设新路径。浙江刑事发案、信访总量、安全生产事故总量连续多年保持"零增长"，人民群众安全感满意率持续位居全国前列。"大平安"不仅是犯罪少、治安好，而且要求社会治理各方面统筹、协调。浙江坚持社会长期稳定与经济高质量发展同步建设，平安幸福与民生改善齐头并进，政府不仅关心老百姓的钱袋子满不满，还特别关注老百姓的安全感足不足、生活满意度高不高。

从一定意义上说，"平安浙江"建设是"平安中国"建设的早期实践和成功试验，为建设"更高水平的平安中国"提供了以下有益经验和启示。

始终坚持把平安建设作为"一把手"工程的工作传统，不断优化总揽全局、协调各方的领导体制。平安建设目标涵盖政治稳定、治安良好、经济有序、安全生产、食品安全、生态优良、基层安稳等多个方面、各个领域，需要各层级政府、部门、单位协调配合，政府、社会与民众共同努力。习近平同志在浙江工作期间，首次把平安建设作为一项长期战略任务，省委成立建设"平安浙江"领导小组，他亲自担任领导小组首任组长。之后"平安浙江"建设一直作为"一把手"重点工程持续全面推进，一级抓一级、层层抓落实，不断优化体制机制创新发展，坚持发展与平安两手抓、两手硬，谱写了民富、民安、民乐的美好篇章。

始终坚持最先解决人民群众急难愁盼的突出问题、着眼标本兼治。

群众最关心什么，平安建设就解决什么；群众最痛恨什么，平安建设就攻坚什么。确保人民群众人身财产安全，满足群众对安稳、美好生活的强烈期待。浙江在全国率先发布"平安指数"，涵盖市县两级，全面反映群众关心的社会治安、经济金融、食品药品、生态环境等领域安全状况，每月推出"平安报表"，对各地平安建设工作进行"月体检"，示预警、指问题、督改进。浙江省持续性常态化治理与群众生活息息相关的民生大事，道路交通安全、社区电瓶车安全、生活设施建设、困难群众生活等难题都得到有效解决。平安不平安，真正交给群众说了算。人民群众关心的突出问题，不管大小，一个一个解决，一项一项治理，形成平安稳定常态，让群众真切感受到平安与幸福。

始终坚持以基层治理为抓手，夯实平安建设的稳固根基。浙江省委、省政府扎实贯彻"关键在基层，关键在基础，关键在落实"的要求，总结推广"枫桥经验""干部下基层开展信访工作"等基层善治、人民至上的典型经验，不断创新基层平安建设的方式方法，在平安建设中不断创造适合当地实际的新鲜路径。聚焦三端全链条治理，率先开展溯源治理、前端治理逐步突破性前移，努力做到风险前端不发生，终端早化解，末端不反弹。创造性构建完善全域"一中心四平台一网格"基层社会治理体系，促进各类矛盾纠纷早发现、早治理，尽可能把问题化解在基层、化解在当地、化解在萌芽状态，全方位、更高效提升人民群众生活幸福感。大力推广"互联网＋治理"模式，建立大数据矛调平台，让问题、矛盾实时摆在干部眼前，让群众诉求事事有回音、件件能解决，切实提升人民群众"大平安"感受。

始终坚持完善民主法治建设，不断强化"平安浙江"建设的民主法治保障。长期以来，浙江以高质量立法为抓手，构建完善的平安建设法律规范体系和法治实施体系，为平安建设创造了有法可依、有法必依的关键要素，为实现"平安浙江"提供了有力的法治保障。同时，大力推进以人民为中心的民主政治建设，切实保障人民主体地位，为人民群众参与平安建设提供渠道、搭建平台、创造条件，从更广范围、以更高要求创建人人有责、人人尽责、人人获益的平安建设共同体。坚持全方位提升守护群众平安、保障群众权益、满足群众需求的工作水平，保障群众更多元、更高质的平安需求，夯实民主法治之基、增强民主法治之力。

建设"更高水平的平安中国"

党的十八大以来，以习近平同志为核心的党中央始终把更高水平、更全方位的国家安全、社会稳定、人民幸福作为中国式现代化的重要任务，站在中国特色社会主义事业发展全局的战略高度，坚持不懈推进平安中国建设。从党的十八届三中全会提出"全面推进平安中国建设"到党的二十大确定建设"更高水平的平安中国"，以习近平同志为核心的党中央始终一以贯之、锲而不舍地推进整体的、协同的、多维度的平安中国建设，引领新时代新征程平安中国建设不断取得新成就。

当前，在迈向"更高水平的平安中国"的新征程上，我们必须从以下五个方面着力。

一是要转变"平安"就是"治安"、"稳定"就是"搞定"的传统观念，坚定贯彻全面系统的"大平安"建设理念。中国特色社会主义进入新时代，我国社会主要矛盾已经转化为人民日益增长的美好生活需要和不平衡不充分的发展之间的矛盾。人民群众对民主、法治、公平、正义、安全、环境等方面的要求日益增长。与此同时，人民群众所期盼的平安已经从单一的人身财产安全转化为人身财产、福利保障、医疗卫生、生态环境、人格尊严等更大范围、更深层次的大平安，不仅范围更广，标准也更高。只有以"大平安"理念为引领，才能让人民群众获得更全领域、更高层次的安全感、幸福感，才能不断增进广大人民群众的美好生活感受。

　　二是要坚持以人民为中心的立场，把群众满意这一最高标准贯穿平安中国建设各方面、全过程。推进"更高水平的平安中国"建设，必须践行全心全意为人民服务的根本宗旨，坚持平安中国建设为了人民、依靠人民、造福人民、保护人民。平安中国建设必须以保障人民群众安居乐业，保护人民群众各种权益，提升人民群众满意度、幸福感为宗旨，并且要让"更高水平的平安中国"成为实践全过程人民民主的重要形式，以人民群众参与推进、见证提升、感受幸福的方式实现，从而不断增进人民群众的安全感、幸福感、获得感，不断续写社会长期稳定奇迹的新篇章，使人民获得感、幸福感、安全感更加充实、更有保障、更可持续。

　　三是要坚持社会治理关键在源头、在基层的思路，将矛盾纠纷化解在基层、将安全稳定创建在基层，把推动基层法治社会建设、加强基层社会治理，作为平安中国建设的基础性、战略性任务。基础不牢，地动山摇。任何一个社会矛盾都有其萌芽、发展和演化的过程和规律。把矛盾纠纷化解在基层，从源头上就地、及时化解，才能防微杜渐、有效控制矛盾纠纷的进一步激化、蔓延，才能做到"小事不出村""大事不上交"，减轻个案的矛盾冲突对整体社会稳定的冲击和危害。反之，如果这些社会矛盾在基层、在源头得不到及时妥善解决，就有可能把小问题拖成大问题。为此，必须转变基层社会治理的惯性思维，实现社会风险化解的关口前移，从注重事后化解转变为事前预防，从应急式维稳转变为从源头，从萌芽阶段就开始查找缺漏、排解风险。只有把基层政权巩固好、把基层治理落实好，整个平安中国建设的根基才能巩固。

　　四是在全国范围内推进平安中国建设，要依据各地发展水平不断创新社会治理新方式，为建设"更高水平的平安中国"提供创新思路、有效路子。"平安浙江"建设走出了一条适应当地经济社会发展水平的前瞻性的、有实效的、示范性的新道路。为推进"更高水平的平安中国"建设，必须努力创造既符合社会治理的普遍规律又体现当地需求与特色的治理新方案，扎实落实平安中国建设中的各项重点工作，努力确保"更高水平的平安中国"如期实现，让人民群众更加长期、更加充分、更有保障地享受国泰民安、民康物阜、政通人和的太平盛世。

五是要不断加强平安中国建设的法治保障，不断提升社会治理的社会化、法治化、专业化、智能化水平。民主和法治既是实现人民民主、维护长期稳定、促进高质量发展的"双抓手""双保障"，也是不断实现"大平安"建设的现代化路径。一方面，不断创新基层普法方式，培育社会成员办事依法、遇事找法、解决问题用法、化解矛盾靠法的社会氛围和法治环境，充分发挥共建共治共享在基层治理中的作用。另一方面，不断增强基层干部的法治思维、法治为民的意识和依法办事的能力，更加重视基层法治机构建设，改善基层公共法律服务的基础设施和装备条件，加强基层法治队伍建设，培养一批扎根基层、熟悉基层群众心理的法律工作者，有效满足人民群众日益增长的高品质、多元化法律服务需求。

"发动和依靠群众，坚持矛盾不上交，就地解决"的"枫桥经验"不断被赋予时代新内涵。图为诸暨枫桥镇航拍图（张孙超 阮西内 蒋力奔 摄）

巧谋善治筑平安

章忻　于山

平安，是民之所盼，也是发展之基。

2004年5月，时任浙江省委书记习近平同志在浙江省委十一届六次全会上作出重大决策："全面建设'平安浙江'、促进社会和谐稳定。"

建设"平安浙江"，既是"八八战略"深化细化具体化的重要体现，又是深入实施"八八战略"的重要保证。多年来，浙江始终遵循"大平安"理念，一手抓经济报表，一手抓平安报表，让人民群众的获得感、幸福感、安全感触手可及。2022年，浙江群众安全感满意率为99.28%，继续居全国前列，比2003年提升8.48个百分点，浙江被公认为最具安全感、司法文明指数最高的省份之一。

自律和他律相统一
多元主体共同参与社会治理

衢州市柯城区上洋村是一个典型的城郊村，外来常住人口占比达六成以上。同时，它也是一个远近闻名的富裕村——村集体经营性年收入超千万元。如何实现发展与稳定齐步走？上洋村的秘诀源自一本《村规民约》。

"这是我们修订的第十版了。"上洋村党支部书记黄岳华指着蓝红色封面的小册子告诉记者。从 1992 年出版第一版《村规民约》开始，上洋村就开启了"发现问题、解决问题"的基层治理良性循环。

最令黄岳华印象深刻的是 2006 年的修订。21 世纪初，上洋村逐步探索以集体开发、转包租赁等方式盘活土地资源，探索致富路。"特别是 2004 年左右，一些企业来村里选址建仓库，不少村民都有意见。"黄岳华回忆说，建造仓库的钱从哪出，仓库租出去的钱大家怎么分，这一连串的疑问围绕在他耳边。

为了让村民感受到公平公正，上洋村"两委"在征求村民意见后修订了第四版《村规民约》，明确提出壮大村集体经济的原则，约定每三年修订一次。"定期修订是为了在矛盾发生之前及时介入，把解决问题制度化、长效化。"黄岳华说。

如何既富了群众的口袋，又减少矛盾的发生，这是摆在上洋村面前的问题，也是彼时的浙江面临的共性问题。习近平同志深刻指出，对这些矛盾和问题，我们必须高度重视，认真解决。

基层治理是平安建设的关键环节。2004 年，习近平同志在浙江省建设"平安浙江"动员大会上指出，坚持正确处理人民内部矛盾，加强矛盾纠纷排查调处和信访工作，疏导化解矛盾，把问题解决在基层和萌芽状态，这是建设"平安浙江"的基础性工作。从他律到自律，浙江在广袤大地上书写着各类主体共同参与社会治理的生动故事：衢州建立全市 100 个乡镇（街道）社会工作站全覆盖机制，组织开展"千村修约"活动，实现全市 1482 个行政村全覆盖；舟山探索"海上枫桥"新模式，"海上老娘舅""名老大调解协会"等自治组织遍地开花……

刚性与柔性相统一
法治保驾护航，德治春风化雨

法治是平安建设的重要保障。它既具有协调社会关系、规范社会行为的"显功效"，也有引领社会预期、凝聚社会共识的"潜功效"。

2023年7月1日，《浙江省平安建设条例》（下称《条例》）正式实施。这是浙江省平安建设领域首部基础性、综合性地方性法规，为高水平建设平安中国示范区提供了有力法治保障。《条例》9章66条内容是对平安浙江建设经验、做法的一次全面总结、系统集成。

在浙江省法学会首席法律咨询专家唐明良看来，《条例》出台的一个重要意义就在于为平安建设提供制度保障。比如，《条例》规定，平安建设工作实行领导责任制和目标管理责任制，组织开展平安建设督导检查、考核评估以及奖励工作等。

除了以法治强保障，引导干部群众形成自觉守法、遇事找法、解决问题靠法的法治良序格局，还要以德治扬正气，通过道德评议、弘扬优秀传统文化等方式引导人们崇德向善，减少治理成本。

行走在桐乡的大街小巷，处处可见"德文化"的身影。德孝主题公园、村级道德馆、伯鸿城市书房……文明之光点亮了群众生活，向善的信念就像一颗颗种子，播撒到人们的心里。

2013年起，桐乡开始探索自治、法治、德治"三治融合"的基层社会治理模式，尤其注重"德治"在社会治理中的先导和教化作用，积极探索"德治物化""德者有得"机制，用崇德向善的精神力量助力平安建设。

人力与科技相统一
为基层治理插上数字之翼

建设更高水平的平安浙江，离不开数字化改革。

亚运会期间，杭州市余杭区数智治理中心越发繁忙。"最近我们每两周就要与村社进行一次视频点验。"余杭区社会治理中心信息技术科科长危孟泱说。

作为浙江省首个县级数智治理中心，余杭区数智治理中心集运行监测、矛盾调处、分析研判、协同流转、应急指挥、督查考核等功能于一体，整合区委政法委、区公安分局、区综合行政执法局等各条线部门人员力量，推动基层治理从"单一矛盾纠纷化解"转向"研判预警风险"。

中心大屏上的"余智护杭"基层智治综合应用（下称"余智护杭"），实时滚动着"应急资源""矛盾调处"等数据，这套应用集成贯通了 56 个省、市、区级应用，实现条线任务统一派发。"丰富的数据资源，可以为基层治理风险预判打下基础，以最少的时间、最少的人力成本化解矛盾。"余杭区社会治理中心副主任束庆波告诉记者，"余智护杭"平均处置时间缩短 30% 以上。

余杭区的实践是浙江以数字化改革牵动平安建设全方位变革、系统性重塑的缩影。

浙江全域展开市域社会治理现代化试点，"一中心四平台一网格"成为一大特色亮点；在全国率先发布省级"平安指数"，打造了政法一体化办案、大综合一体化、浙警智治、大数据检查监督等一批重大应用，全面提升数字化治理绩效。

"没有平安的浙江，就没有全面小康的浙江；没有和谐稳定的浙江，就没有繁荣富裕的浙江。"习近平同志当年播下的建设"平安浙江"的种子，如今已长成参天大树，护佑着浙江人民的幸福生活。

巩固优势促提升

褚国建　中共浙江省委党校（浙江行政学院）法学教研部

打造高水平平安浙江法治浙江，必须巩固和发展好以下优势。

巩固和发展好平安浙江的最大政治优势。党政主要负责人要履行好平安建设的第一责任，不断从全局和战略高度谋划、推动平安浙江建设各项工作，层层压实平安建设的政治责任和工作责任，不断浓厚一任接着一任干、一级带着一级干的良好氛围。

巩固和发展好平安浙江的改革创新优势。牢固树立"发展是第一要务，稳定是第一责任"的工作理念，用发展的眼光分析研判平安工作面临的新形势，持续创新平安浙江建设的工作机制和实践载体，在高质量发展中破解平安建设的难题，用高水平平安浙江建设的工作成效保障"两个先行"的发展大局。

巩固和发展好平安浙江的基层基础优势。坚持大抓基层、抓好基础的工作导向，从解决基层人民群众急难愁盼的问题入手，不断健全基层治理的组织体系、工作体系和政策体系，持续推动工作重心下移和资源力量下沉，确保基层有人有权有物。以坚持和发展新时代"枫桥经验"为抓手，不断完善领导干部下访接访等制度，持续推进社会矛盾多元化解体系建设，切实把各类矛盾纠纷解决在基层、化解在萌芽状态。

巩固和发展好平安浙江的一体创建优势。坚持在法治轨道上推进平安浙江建设，充分运用法治思维和法治方式深化改革、推动发展、化解矛盾、维护稳定，不断提高政法干部的法治素养和依法办事能力。坚持平安改革与平安法治同步谋划、同步推进，更好地发挥法治的引领、推动、保障平安建设的作用，把更多的平安创新成果用制度的形式固化下来、坚持下去，充实和完善具有浙江特色的平安浙江制度体系，不断促进平安浙江建设走向成熟定型。

20

党建引领

清正勤廉　逐潮领航

在"八八战略"的指引下，浙江省委十一届七次全会就加强党的先进性建设和执政能力建设，提出了"巩固八个方面的基础，增强八个方面的本领"的工作部署。

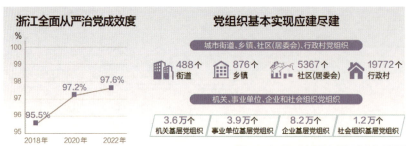

截至2022年，浙江省中国共产党党员总数为435.3万名。全省共有党的各级地方委员会102个。

扫描二维码
登录潮新闻客户端
看视频

从"巩固八个方面的基础、增强八个方面的本领"到全面加强党的建设

吕品　中共中央党校（国家行政学院）党章党规研究中心

　　"巩固八个方面的基础、增强八个方面的本领"是习近平同志在浙江工作时从省域层面对党的建设进行的整体思考和谋划，为深入实施"八八战略"提供了有力政治引领和坚强政治保障。进入新时代，浙江省委坚持以习近平新时代中国特色社会主义思想为指导，以守好"红色根脉"的高度政治自觉坚决扛起管党治党政治责任，高水平推进以自我革命引领社会革命的省域实践，打造新时代党建高地和清廉建设高地。

党建工作的总体思路

　　2004年，浙江省委十一届七次全会上，时任浙江省委书记习近平同志就加强党的先进性建设和执政能力建设，提出"巩固八个方面的基础、增强八个方面的本领"的工作部署。一是巩固党执政的思想基础，加强理论武装和党对意识形态工作的领导，不断增强用发展着的马克思主义指导新实践的本领；二是巩固党执政的经济基础，全面推

进经济强省建设，不断增强驾驭社会主义市场经济的本领；三是巩固党执政的政治基础，全面推进法治社会建设，不断增强发展社会主义民主政治的本领；四是巩固党执政的文化基础，全面推进文化大省建设，不断增强建设社会主义先进文化的本领；五是巩固党执政的社会基础，全面推进"平安浙江"建设，不断增强构建社会主义和谐社会的本领；六是巩固党执政的体制基础，健全和完善党的领导制度和领导方式，不断增强地方党委总揽全局、协调各方的本领；七是巩固党执政的组织基础，加强干部队伍建设和基层组织建设，不断增强自身素质和团结带领广大群众干事业的本领；八是巩固党执政的群众基础，密切党同人民群众的血肉联系，不断增强拒腐防变和抵御风险的本领。

这些工作部署涵盖了党的建设的方方面面，内容丰富，同时又是一个严密的整体，对推进浙江党的建设、加强党的先进性建设和执政能力建设进行了系统全面的顶层设计。这些工作部署体现了全面加强党的建设的理念，要求把党的领导覆盖到经济、政治、文化等各领域、各方面、各环节，实现党的建设与党的事业互促融合；体现了系统推进党的建设的思路，要求必须系统而不是零散地、全面而不是孤立地、普遍联系而不是单一孤立地处理认识党的各方面建设的关系；体现了积极稳妥推进党的建设的认识，各项要求是建立在对新时期党的建设实际状况的深入了解和全面把握的基础上，做到因地制宜，突出浙江的特点、紧扣省情特点，科学精准地推动党的建设各项要求在浙江落地落实。

总体而言，"巩固八个方面的基础、增强八个方面的本领"的工作部署为当时浙江党建工作指明了方向，成为当时浙江党建工作的总体思路与工作布局，为现在浙江全面加强党的建设奠定了坚实的基础，也为习近平总书记关于党的建设的重要思想奠定了深邃的思想源泉和深厚的实践根基。

以清廉浙江建设为抓手

2020年11月，浙江省委十四届八次全会深入贯彻习近平总书记考察浙江重要讲话精神，明确提出以全面从严治党为主线，深入推进清廉浙江建设，并将其作为争创社会主义现代化先行省的"十三项战略抓手"之一，踏上全面从严治党新起点。

一是坚持思想建党和制度治党相统一。习近平总书记指出，推进全面从严治党，既要解决思想问题，也要解决制度问题，二者一柔一刚、刚柔相济，同向发力、同时发力，能产生一加一大于二的功效。浙江坚持深入学习贯彻习近平新时代中国特色社会主义思想，大力弘扬伟大建党精神和红船精神，弘扬新时代浙江精神，提高广大党员干部的思想政治觉悟，将学思践悟成果转化为推进清廉浙江建设的理念思路、方法举措、制度措施和具体成效。同时强化建章立制治本效应，一方面减少和弥补制度上的漏洞，出台《关于规范领导干部廉洁从政从业行为 进一步推动构建亲清政商关系的意见》《关于推进清廉文化建设的实施意见》等；另一方面着力提高制度执行力、增强制度实效性，以一系列制度巩固教育成果，保证各项党建举措的落实。

二是坚持使命引领和问题导向相统一。习近平总书记指出，要坚持使命引领和问题导向相统一，既要立足当前、直面问题，在解决人民群众最不满意的问题上下功夫，又要着眼未来、登高望远，在加强统筹谋划、强化顶层设计上着力。2021年2月，《中共浙江省委关于纵深推进清廉浙江建设的意见》出台，明确提出到"十四五"时期末，各清廉单元建设全面推进并基本成型；到2035年，清廉浙江建设各项制度机制成熟定型，清廉浙江全面建成，中国特色社会主义监督制度优越性充分彰显。这一文件是清廉浙江建设的战略谋划和总体设计。在清廉浙江推进过程中，浙江既注重加强总体谋划，从全局上"全景式"

地统筹思考问题，也注重把握工作发力点，在重要环节和突出问题上"特写式"地解决难题。例如立足于本省民营经济、市场经济发达的实际，针对政商交往中资本腐蚀"围猎"、利用"一家两制"违纪违法等问题，浙江聚焦"亲而有度"，出台构建亲清政商关系的意见，清单式提出"五个严禁"的行为规范，推动出台领导干部接到请托事项记录报备等制度，做到把推动构建亲清政商关系作为清廉浙江建设"必答题"，聚焦实践遇到的新型腐败问题、反腐败斗争中存在的深层次问题、人民群众急难愁盼问题、带动解决党风廉政建设中所面临的突出问题，助推一步步实现建设清廉浙江的使命与愿景。

三是坚持抓"关键少数"和管"绝大多数"相统一。习近平总书记指出，坚持抓"关键少数"和管"绝大多数"相统一，既对广大党员提出普遍性要求，又对"关键少数"特别是高级干部提出更高更严的标准，进行更严的管理和监督。清廉浙江建设，从领域上聚焦权力集中、资源富集、资金密集、攸关民生的重点领域，着力建设清廉机关、清廉村居、清廉学校、清廉医院、清廉国企、清廉民企、清廉交通等清廉单元，打造一批清廉建设示范标杆；从对象上强调紧扣强化对"一把手"监督、构建亲清政商关系、防止利益冲突等，扎紧扎牢制度笼子，压缩公权力设租寻租空间，督促领导干部廉洁从政、廉洁用权、廉洁修身、廉洁齐家。同时，坚持反腐败无禁区、全覆盖、零容忍，推进清廉浙江建设全方位全领域深化。浙江巩固拓展清廉建设先发优势，完善共建共治格局，打造清廉建设"责任共同体"，清廉建设布局完整、重点明确、路径清晰、衔接有效，有效督促落实"抓系统就要抓创建、管行业就要管清廉"的要求，层层压紧压实责任，推动全省上下同题共答。通过抓"关键少数"以点带面、抓纲带目，在500余家清廉单元建设标杆的示范引领下，把清廉浙江建设的理念、措施贯穿于经济社会发展的各方面全过程，形成了清廉浙江建设全域推进、全面共进的良好态势。

深化认识守正创新

"巩固八个方面的基础、增强八个方面的本领"的工作部署是前瞻性、全局性、战略性、系统性的探索，蕴含着管党治党的规律性认识，为新时代推进党的建设与清廉浙江建设奠定了稳固的基石。在此基础上，浙江坚持探索先行，精准研判反腐败斗争阶段性特征和区域性特点，深化对全面从严治党、党风廉政建设和反腐败工作的规律性认识，为新时代推进党的建设与清廉浙江建设注入了蓬勃发展的活力。

以坚强政治定力打好反腐败斗争攻坚战持久战。习近平同志在浙江工作时从要求领导干部要算好"三笔账"到强调"三不为"，对管党治党、党风廉政建设和反腐败斗争提出一系列富有远见的重要思想，引领浙江从严治党、党风廉政建设和反腐败斗争的发展。历届浙江省委坚定反腐败政治定力，一任接着一任干。2017年6月，浙江省第十四次党代会明确了"在全面从严治党上更进一步、更快一步，努力建设清廉浙江"的重大战略安排。2018年7月，浙江省委十四届三次全会审议通过《中共浙江省委关于推进清廉浙江建设的决定》，明确了清廉浙江建设的时间表和路径图。2021年2月，浙江省委出台《中共浙江省委关于纵深推进清廉浙江建设的意见》，进一步明确机关、村居、学校、医院、国企、民企、交通等清廉单元建设目标。党的事业推进是接续奋斗、不断积累的过程，必须保持战略定力，深入谋划推进、加强实践探索，不断在新的事业起跑线上再出发、在新的征程上矢志奋斗。

以自我革命精神深化党风廉政建设改革成果。自我革命是全面深化改革的精神力量，锐意改革、勇于创新是浙江的鲜明标识，也是浙江党风廉政建设高质量发展的动力来源和系统集成、协同高效深化改革的内在支撑。针对浙江市场取向改革比较早、较先遇到腐败易发多发考验的实际，在习近平同志的主导下，浙江省委积极探索从源头上惩治和预防腐败的有效途径，加强各项改革关联性、系统性、可行性研究，形成了一系列实践成果、理论成果和制度成果。其中，2003 年 7 月出台的《浙江省反腐倡廉防范体系实施意见（试行）》是全国省级首个关于反腐倡廉防范体系的规范性文件。党的十八大以来，浙江坚决落实党中央关于深化国家监察体制改革的决策部署和监察法等法律法规，勇挑国家监察体制改革先行先试重任，为全国提供样本、贡献经验。在新的历史起点上，浙江以体制机制的集成变革、深度变革优化工作格局、提升治理效能，做到准确识变、科学应变、主动求变、牢牢把握改革的主动权。

以关心信任激励干部干事创业积极性。习近平总书记强调，要坚持严管和厚爱结合、激励和约束并重，坚持"三个区分开来"，更好激发广大党员、干部的积极性、主动性、创造性，形成奋进新征程、建功新时代的浓厚氛围和生动局面。习近平同志在浙江工作期间，在强调管党治党"严"是主基调的同时，也注重对干部的关心信任激励。如 2005 年出台的《关于认真落实"三真"要求，切实加强基层干部队伍建设的意见》（"三真"是指对基层干部要做到真正重视、真情关怀、真心爱护）等，极大地激发了浙江省党员干部干事创业的积极性。进入新时代，浙江省委科学处理严格管理和关心信任的关系，坚持严管与厚爱结合、监督与支持并重，认真落实"三个区分开来"，推动追责问责精准化、澄清正名制度化、跟踪回访常态化，加大对诬告陷害行为的打击力度，不断营造为担当者担当、为负责者负责、为干事者撑腰的良好环境，激励广大党员干部轻装上阵、担当奋进。

2022 年 10 月，党的二十大代表姜丽娟在淳安县枫树岭镇下姜村与村民分享党的二十大精神（程海波 摄）

激活"红色细胞" 催生"红色动能"

吴晔　王啸天　何笑梅　潘金生

2004年10月，时任浙江省委书记习近平同志带领省委一班人就党的执政能力建设进行深入研究，作出了"巩固八个方面的基础、增强八个方面的本领"的部署。"巩固党执政的组织基础，加强干部队伍建设和基层组织建设，不断增强自身素质和团结带领广大群众干事业的本领"是其中的重要内容。

"做好基层基础工作十分重要，只要每个基层党组织和每个共产党员都有强烈的宗旨意识和责任意识，都能发挥战斗堡垒作用、先锋模范作用，我们党就会很有力量，我们国家就会很有力量，我们人民就会很有力量，党的执政基础就能坚如磐石。"浙江深刻领会贯彻习近平总书记关于基层党建的重要指示，从党政机关到农村、社区，从国有企业到非公有制企业和社会组织，基层党组织建设不断夯实，为基层治理汇聚新动能。

下姜之变：争做"四种人"

下姜村的发展，就好像一滴水，折射出浙江省农村发展的整体状况。淳安县枫树岭镇下姜村，是习近平同志在浙江工作期间的联系点，"八八战略"实施20年来，下姜村探索出了基层党组织引领乡村治理的新范式，实现了从穷山沟到"绿富美"的逆袭，成为"梦开始的地方"。

"没人干时党员上。"当年的村支书姜银祥用自家一亩三分地与隔壁村置换，拓宽了村民出行的唯一一条小路，解决了困扰多年的出行难问题。他清晰地记得，2006年5月25日，习近平同志调研下姜村时，向广大农村党员干部提出的要做"发展带头人""新风示范人""和谐引领人""群众贴心人"这"四种人"的要求。按照这一要求，下姜村把党建引领体现在经济发展、产业发展、为村民服务、环境卫生整治、农村和谐稳定、家风传承等方方面面，不断巩固党在农村的执政基础。

下姜村党总支书记姜丽娟，7年前从杭州市区回到家乡创业，创办了下姜村第一家精品民宿，带动周边农户增收致富。"在下姜村，凡是党员经营农家乐、民宿或农特产品展销点，必须将党员身份牌在显要位置亮出来，要率先做诚信经营的示范，并为游客提供帮助。"姜丽娟告诉记者。如今，全村超过50%的党员已投入到农旅产业发展中，成为创业主力军。

率先流转土地的是党员，率先经营民宿的是党员，下姜村的发展变化，离不开全村党员先锋模范作用的发挥。2021年6月，下姜村党总支被中共中央授予"全国先进基层党组织"称号。

翠苑之治：民呼我为"三不变"

小区矛盾多、化解难，怎么破题？"'民有所呼、我有所应，民有所呼、我有所为'，我们一直牢记习近平同志的谆谆嘱托。"杭州翠苑一区党委书记项菲菲说，"我们用 100 天时间把整个小区改造好，把3146 户将近 1 万人左右的小区，建成了老百姓自己设计的未来社区。尤其是数字化、智能化、可视化场景在食堂、泊车、门禁等方面得到应用，实现了社区治理的精准之变。"

以老年食堂为例，走进食堂，老人们经过人脸识别，能在电子屏幕上清晰地看到用餐建议，选餐时心里更踏实。"黄手绢、小红灯"的助老服务，也是翠苑一区的创新举措，社区为孤寡独居老人配备智慧安防三件套和智慧水表、智能手环，与小区数智大屏系统连接，当老人走出小区超出半天，或收到求救呼叫，系统会报警提示，社区工作人员或医护人员可以在老人发生意外时第一时间展开救援。

"整个小区是网格化管理的，党员们都起到了带头作用。"居住在翠苑一区 23 年的居民志愿者、夕阳红俱乐部排舞队队长胡华丽说，"小区的党员们千方百计地关心我们，发放油米等福利时，都会第一时间送到家门口，使我们的生活更方便。"社区制定的《翠苑一区党群力量动员工作指引》，真正让群众感受到"支部建在网格上，党员就在楼道中，服务融入群众里"。

社区虽小，却连着千家万户。社区党组织和党员干部把群众冷暖放在心上，就能把党和政府的温暖送到千家万户。翠苑一区用"民呼我为的初心使命始终不变、'支部建在楼道上'的组织体系始终不变、守望相助的邻里感情始终不变"，持续传递着这份温暖。"党建统领、民呼我为、共商善治、精细精准、邻里和谐"的翠苑之治，正成为浙江省城市社区治理的一面旗帜。

海亮之道：抓党建就是抓发展

300 多平方米的海亮党建厅里，收藏了一张 1997 年的老照片：浙江海亮铜业集团有限公司党委成立时的合影。这是浙江省首家民营企业党委。当时私营企业要在市场上占有一席之地，抓生产都来不及，为何还要抓党建？集团创始人、第一任党委书记冯海良的回答是，"没有党的改革开放政策，就没有今天的海亮。我们必须有一颗感恩的心，听党话、跟党走"。

2003年2月，习近平同志在位于绍兴诸暨的海亮集团调研时，生产车间流水线上"党员先锋岗"的铭牌引起了他的关注，在详细了解公司党建情况后，他叮嘱党委书记冯亚丽要充分发挥党员职工的先锋模范作用，争创一流业绩。

习近平同志的谆谆嘱托，给了海亮人巨大的鼓舞和动力，党员职工在各自的岗位上奋力拼搏，让自己也让海亮迅速成长。

"这是我们自主研发的生产线，实现了从原料入库到产品出库全程不落地的流水线作业。生产效率提高2倍，减少用工一半以上，节电至少30%。"在海亮有色智造工业园内的智慧化生产线前，海亮集团铜棒项目总设计师冯焕锋自豪地向记者介绍。冯焕锋只有高中学历，却凭借"勇当先锋"的决心和20年如一日的匠心，一直在制造业技术创新前沿探索。他作为第一发明人申请专利总数近70项，带领团队为优化工作环境、提升生产效率而做的各类技术改造和创新不下1000项。正是因为有一批冯焕锋这样的党员带头人，如今的海亮，已经从一家小企业成长为全球最大的合金铜管生产企业。

现在，"抓党建就是抓发展"的接力棒传到了第四任党委书记王黎红手中。在她看来，"党建强，企业发展更强。党建是海亮永不止步、向前发展的红色动力"。

治国安邦，重在基层；管党治党，重在基础。抓基层强基础是长远之计和固本之举。如何进一步激活"红色细胞"、催生"红色动能"，更好发挥基层党组织的战斗堡垒作用和党员的先锋模范作用，浙江正不断探索前行。

把好干事创业『总开关』

邱巍 中共浙江省委党校（浙江行政学院）全面从严治党研究中心

党的十八大以来，习近平总书记围绕"建设什么样的长期执政的马克思主义政党、怎样建设长期执政的马克思主义政党"的重大时代课题，突出全面从严治党这个主题主线，提出一系列管党治党、兴党强党的新理念新思想新战略，形成了习近平总书记关于党的建设的重要思想。全国组织工作会议将习近平总书记关于党的建设的重要思想具体概括为"十三个坚持"。"十三个坚持"的前四条主要涉及加强党的领导和巩固党的执政地位，中间四条主要涉及党的思想建设和组织建设，最后五条主要涉及从严治党、监督约束等方面。作为习近平新时代中国特色社会主义思想的党建篇，习近平总书记关于党的建设的重要思想当中的许多内容是他在浙江工作期间就进行过思考和谋划的。

2023年9月，习近平总书记在浙江考察期间发表重要讲话，为浙江在新起点上做好各项工作指明了前进方向、提供了根本遵循。在对浙江提出"在以科技创新塑造发展新优势上走在前列""在推进共同富裕中先行示范""在深化改革、扩大开放上续写新篇""在建设中华民族现代文明上积极探索"四个方面的要求之后，习近平总书记明确提出要坚持和加强党的全面领导、加强和改进党的建设。这一要求同样体现了不断夯实党执政的政治基础和组织基础、以党的领导和建设引领和推动经济社会发展的思想。

面对新使命新任务，浙江要按照习近平总书记的要求，坚持和加强党的全面领导、加强和改进党的建设，把好干事创业的"总开关"，加快打造新时代勤廉浙江，为谱写中国式现代化浙江新篇章提供坚强保证。

后 记

在"八八战略"实施 20 周年之际,浙江日报全媒体评论理论部组织策划了大型理论融媒体宣传活动:学习之路——"八八战略"与新思想溯源。这是一次理论宣传的创新。与传统的理论宣传不同,此次报道一个主题一个整版,有理论文章、调研式通讯、专家点评、图片、图表、视频,共 6 种元素,多角度多层次多形态立体地呈现"八八战略"蕴含的思想伟力和实践价值,真正让理论报道"活"起来。

此次大型理论宣传报道受到国家行政学院出版社青睐,结集出版,进行二次传播。中共浙江省委常委、宣传部部长赵承高度重视,在图书编写出版过程中精心指导。省委宣传部常务副部长来颖杰对本书的出版大力支持,提出了宝贵建议。

本书的编写凝结了来自中共中央党校(国家行政学院)、中国社会科学院、清华大学、北京大学、中国人民大学、上海社会科学院、中共浙江省委党校(浙江行政学院)、浙江省社会科学院、浙江大学、浙江工商大学等高校、科研机构的 40 余位专家学者的思想智慧。他们以深厚的专业学识、严谨的学术态度撰写理论文章和专家点评。

浙江日报全媒体评论理论部全体同志参与了通讯的采写和报纸版面的编排,尤其是李雅南同志在明确主题、编辑稿件上付出了大量心血。浙报集团分社和多地县市区融媒体中心的同仁亦参与了通讯写作或提供图片资料等工作。如于山、王雨红、王艺、王啸天、王欣怡、叶梦婷、邹敏、朱旭迪、朱煜、朱海亮、李华、李茸、邵安然、邱建平、陈航、陈姝彤、吴卫萍、吴昱燊、何伊伲、何笑梅、宋依依、周琳子、周松华、周洪石、孟琳、金汉青、竺佳、郑思舒、胡俊、洪建坚、洪凯文、贺元凯、钱关键、顾雨婷、袁佳颖、曹力、梅玲玲、潘金生、戚妍尔等。

从2023年3月开始，此次报道历经9个多月，浙江省委、省政府相关职能部门提供了大量的专业指导和业务数据，11个地市和多个县市区及企业为我们的调研式采访提供了有力支持和配合。在此，谨向所有对本书出版给予帮助支持的单位和同志表示衷心的感谢。

《学习之路——"八八战略"与新思想溯源》是一次理论宣传上的创新尝试，但理论宣传上的创新绝不仅限于此。"路漫漫其修远兮"，我们将沿着创新道路不断求索前进，落实理论研究传播行动，创新话语方式和呈现形态，为打造习近平新时代中国特色社会主义思想研究传播样板不懈努力。

敬请广大读者不吝赐教、批评指正。

本书编写组

2024 年 1 月